Markus Stolpmann

# Wie setzen wir uns wirkungsvoll in Szene?

Markus Stolpmann

# Wie setzen wir uns wirkungsvoll in Szene?

Durch die richtige Inszenierung
zu Aufmerksamkeit und Profilierung
in Hotellerie, Gastronomie und Tourismus

REDLINE WIRTSCHAFT

**Bibliografische Information
der Deutschen Nationalbibliothek**
Die Deutsche Nationalbibliothek verzeichnet diese Publikation in der
Deutschen Nationalbibliografie. Detaillierte bibliografische Daten
sind im Internet über http://dnb.d-nb.de abrufbar.

ISBN 978-3-636-01585-3

© 2008 by Redline Wirtschaft, FinanzBuch Verlag GmbH, München
www.redline-wirtschaft.de

**www.branchenwissenuptodate.info**

Reihenkonzept & Redaktion: Karina Matejcek, Wien
Umschlagkonzept & -gestaltung: Jarzina Kommunikations-Design
Umschlagabbildung: M. Neugebauer/zefa/Corbis
Printed in Austria

# Inhalt

**Teil 4: Die Realisierung: Vom Konzept zur Umsetzung** . 81

**Teil 5: Die Dramaturgie und der menschliche Faktor** .. 110

**Teil 6: Den Nutzen maximieren** ................................ 139

# Einleitung

»Inszenierung im Gastgewerbe? Vielleicht ein nettes Nischenthema für ein paar besonders kreative Anbieter. Aber für die Masse der Gastronomen und Hoteliers gibt es wahrlich wichtigere Themen. So, wie es bei uns aussieht, muss ich eher dafür sorgen, die Kosten zu senken, damit ich morgen überhaupt noch konkurrenzfähig bin, anstatt noch Geld für Firlefanz auszugeben!«

Ungefähr das war die erste Reaktion, als ich zum Thema meines neuen Buches gefragt wurde. Und der Kommentator, der sonst Neuerungen durchaus aufgeschlossen ist, steht mit seiner Meinung zweifellos nicht allein. Trotzdem bin ich überzeugt davon, dass das Thema hohe Brisanz hat und in Zukunft immer wichtiger für Anbieter werden wird – im Tourismus ebenso wie in Hotellerie und Gastronomie.

Wir leben in einer Gesellschaft, in der es alles im Überfluss gibt: Ihre potenziellen Gäste werden überschüttet mit Angeboten Ihrer Wettbewerber – wer es nicht schafft, Aufmerksamkeit zu wecken, wer nichts Besonderes zu bieten hat und wer mit 08/15-Angeboten punkten will, gerät immer stärker in den Sog des Preiskampfes. Und dann sind es wirklich die Kosten, die zählen.

**Der Sog des Preiskampfes**

Die Alternative? Unverwechselbar werden, das eigene Angebot ins rechte Licht rücken, dieses und auch Ihre Gäste perfekt in Szene setzen. – Hier verstreichen zahllose Gelegenheiten ungenutzt. Wo diese sich verbergen und was dabei hilft, sie gewinnbringend umzusetzen, das herauszufinden will dieses Buch eine Hilfestellung bieten.

Sie werden erfahren, dass Sie mit dem richtigen Thema und der passenden Inszenierung

- die Wahrnehmung für Ihr Angebot durch potenzielle Gäste steigern können,
- Ihr Marketing und Ihre Pressearbeit erfolgreicher und wirkungsvoller gestalten,
- die Nutzungsdauer und Nutzungsfrequenz Ihres Angebotes erhöhen,
- mehr Umsatz erzielen,
- höhere Preise durchsetzen können,
- Kundenbindung und Weiterempfehlungsquote steigern,
- die Zufriedenheit nicht nur unter den Gästen, sondern auch bei den Mitarbeitern stärken,

- neue Einnahmequellen erschließen
- und vieles andere mehr.

Eine Menge Möglichkeiten. Dafür lohnt es sich, ein wenig Zeit und Energie einzusetzen. Allerdings bedarf es eines eingängigen Themas, das Sie verkörpern und ganzheitlich umsetzen müssen und welches Sie von anderen Anbietern und Angeboten unterscheidet – und das Ihre Gäste interessiert.

### Aufgabe

Bevor Sie weiterlesen: Woran denken Sie spontan, wenn Sie an Inszenierungen im Gastgewerbe denken? Sammeln Sie Beispiele – lesen Sie erst danach weiter!

In diesem Band dreht sich alles um die Frage, wie Sie sich, Ihre Produkte und Angebote, aber auch Ihre Gäste ins rechte Licht setzen, den Erlebnis-Charakter betonen und erfolgreiche Events ausrichten.

Die meisten, die sich das erste Mal mit dem Thema Inszenierung auseinandersetzen, denken zunächst an Vergnügungsparks, an die großen Themenhotels und Casinos in Las Vegas oder auch an Ferienresorts, an Dinnershows wie Palazzo oder an Kreationen, die mancher Sternekoch in ausgefallenem Ambiente für seine Gäste zaubert. Vielleicht haben Sie auch noch an die Molekularküche gedacht, an Kreuzfahrtreisen, die man sich »once in a lifetime« gönnt, oder an bestimmte Nobel-Destinationen. Auf jeden Fall »ganz großes Kino«.

All diese Beispiele sind zweifellos spannend, häufig auch sehr erfolgreich und nutzen die hohe Kunst der Inszenierung. Aber darauf ist das Thema bei Weitem nicht beschränkt!

Schauen Sie sich einmal gezielt um. Sie werden feststellen: Überall wird mit Inszenierung gearbeitet!

**Inszenierung folgt immer einem Plan**

Im Einzelhandel werden Schaufenster ansprechend gestaltet, die Platzierung der Waren folgt einem Plan, die Gänge im Supermarkt sind so angelegt, dass sie die meisten Kunden auf einem vom Betreiber gewünschten Weg durch den Markt führen, es werden Kostproben gereicht, im Einkaufszentrum folgt die Gestaltung des Interieurs und die Anordnung der Läden einem klaren Konzept, überall Berieselung mit angenehmer Musik, die die hektischen Hintergrundgeräusche überdeckt, über die Beleuchtung werden Stimmungen beeinflusst und verstärkt, und auch der Einsatz von Duftstoffen soll die Kauflust steigern.

Ganz ähnlich in der Werbung: Hier werden Markenwelten aufgebaut, in denen die Anhänger der Marke schon fast religiösen Eifer zeigen, »ihre« Marke und »ihre« Produkte zu promoten und gegen Angriffe zu verteidigen. Apple, Nike, BMW oder Coca-Cola überlassen ihre Außenwirkung natürlich nicht dem Zufall, sondern inszenieren Produkte und die damit verbundenen Werte gezielt. Und die Käufer honorieren die Anstrengungen, sind bereit, höhere Preise zu zahlen als für vergleichbare Produkte anderer Anbieter, die Marke zu verteidigen, Angebote weiterzuempfehlen und sich an die Marke zu binden. Dabei steht jede Marke, jedes Produkt für bestimmte Themen und Eigenschaften, die – glaubt man der Werbung – auf die Konsumenten abfärben. Da geht es nicht mehr um Unterhaltungselektronik, Fortbewegungsmittel, Getränke oder Kosmetika, sondern um das Anderssein, um Freiheit, Abenteuer, Schönheit, Gesundheit, Luxus und mehr.

**Marken inszenieren sich**

Oder schauen Sie in den Sport: Man muss gar nicht bis zu exotischen Sportarten wie Wrestling und Kickboxen gehen, sondern findet Inszenierungen im Sport auf breiter Front. Ob Sie an den – natürlich perfekt inszenierten – Auftritt eines Boxers vor dem Kampf denken, an das Brimborium, das quasi alle Mannschaften in praktisch allen Mannschaftssportarten für ihre Fans zelebrieren, an Merchandising oder an die Werte und Eigenschaften, für die einzelne Ausnahmeathleten stehen: Alles folgt einer vorgegebenen Inszenierung. Und wehe, jemand verhält sich entgegen der ihm zugedachten und zugeschriebenen Rolle – dann ist sein Marktwert in Gefahr und das Ende der Karriere kommt vielleicht schneller als gedacht.

**Individueller Marktwert durch Inszenierung**

Dass die Musikindustrie ihre Stars zelebrieren lässt, Konzerte und Bühnenshows einer klaren Dramaturgie folgen und jeder seine Rolle zu spielen hat, ist nur allzu bekannt. Ob Teenieband oder Tenor: Superstars sind in allen Genres das Ergebnis gezielter Inszenierung.

**Showbusiness**

Selbst die Politik arbeitet mit Mitteln der Inszenierung. Wobei diese vielfach gar nicht so einfach zu durchschauen sind. Wer aber den Präsidentschaftswahlkampf in den USA, Ereignisse wie den G8-Gipfel, aber auch Landtagswahlen in Deutschland aufmerksam beobachtet, dem fällt auf, dass hier eine ausgeklügelte Regie am Werk ist, die bestimmt, wer wann was zu sagen hat, wer wo mit wem gezeigt werden darf und wie dem Zuschauer suggeriert wird, was er über dieses oder jenes Thema denken soll.

**Politik ist Inszenierung**

Und auch Kunst und Kultur arbeiten mit dem Werkzeug der Inszenierung: Immer häufiger werden Sonderausstellungen konzipiert, gehen gar auf Weltreise. Der Kunst- und Kulturgenuss wird zum Event, lebt von der Einmaligkeit des Ereignisses und soll eine bleibende Erinnerung hinterlassen.

**Kunst und Kultur**

# Inszenierung ist also wahrlich überall!

## Aufgabe

Stellen Sie sich nun die Frage noch einmal: Wo finden Sie Inszenierungen in Hotellerie, Gastronomie und Tourismus – abseits von den ganz großen Highlights?

**Man kann sich nicht nicht in Szene setzen**

Vermutlich fällt es Ihnen nun wesentlich leichter, zumindest Ansätze für das »Ins-rechte-Licht-Rücken« entsprechender Angebote zu finden. Man könnte sogar so weit gehen, zu behaupten, dass sich Anbieter nicht *nicht* in Szene setzen können! Wer sich verweigert, der wird eben an seiner Weigerung gemessen – zumal den meisten Kunden respektive Gästen nicht wirklich transparent ist, was alles zu der gezielten Inszenierung gehört.

## Beispiel

Ein Beispiel aus dem Einzelhandel: Denken Sie an die Platzierung von Obst und Gemüse auf einem Wochenmarkt. Am einen Stand sind die Produkte lieblos aufgeschüttet, am anderen ist alles perfekt präsentiert, hübsch ausgerichtet und ansprechend »in Szene gesetzt«. Wo werden Sie lieber einkaufen?
Bei dem Stand mit der perfekten Präsentation assoziiert man automatisch frischere Ware und höhere Qualität; dort, wo die Ware lieblos dargeboten wird, hofft man vielleicht noch auf einen guten Preis. Selbst wenn die Ware aus der gleichen Quelle stammt und qualitativ gleichwertig ist, kann der Anbieter mit der besseren Präsentation leichter einen höheren Preis durchsetzen. Er wird aber für seine Inszenierung noch mehr tun:

- Er hat sich um eine gute Lage für seinen Stand bemüht.
- Das Personal ist freundlich, hilfsbereit und optisch ansprechend gekleidet.
- Die Warenpräsentation erfolgt insgesamt nach optischen und harmonischen, aber auch psychologischen Faktoren.
- Unter Umständen wird unauffällig eine künstliche Beleuchtung eingesetzt, um die Ware noch ansprechender wirken zu lassen.
- Potenzielle Kunden werden eingeladen, hochwertige (und hochpreisige) Waren am Stand zu verkosten.
- Stammkunden werden mit Namen begrüßt.

- Die Ware wird mit Sorgfalt behandelt und adäquat verpackt.
- Es gibt Tipps zur Nutzung und Lagerung der Produkte durch den Kunden.

Das Beispiel zeigt, dass eine gute Inszenierung überall gefragt ist – und dass es um mehr geht als um punktuelle Detailverbesserungen. Das Beispiel des Marktstandes zeigt zudem, dass Inszenierung das – implizite – Erzählen und Verkörpern einer Geschichte bedeutet. Im Fall des Marktstandes lautet die Botschaft: »Bei uns erhalten Sie beste Waren, gute Beratung und Top-Qualität. Wir lieben unsere Waren und behandeln sie auch so.«

### Ihr Erfolgspotenzial

Im Kern geht es bei der wirkungsvollen Inszenierung also um Storytelling: Um das Erzählen Ihrer ganz eigenen Geschichte. Wobei sich die Grundmotive immer wieder gleichen und nach den Interessen der Gäste ausrichten, die Umsetzung und die Kombination der unterschiedlichen Aspekte aber die Alleinstellung bewirken.

Damit wird der Bogen zum Theater geschlagen: Dort bezeichnet die Inszenierung die konkrete Umsetzung eines Theaterstücks, einer Oper etc. Zwar kann der zugrundeliegende Stoff der gleiche sein, die Inszenierung, die durch den Regisseur oder Dramaturgen erarbeitet und von den Schauspielern umgesetzt wird, macht aber jede Inszenierung zum eigenständigen Werk.

Dabei ist es auf der abgeschlossenen Bühne und mit professionellen Schauspielern, mit der zur Verfügung stehenden Bühnentechnik, mit dem Bühnenbild, der Beleuchtung und der Musik, mit Licht- und Toneffekten sowie den Kostümen und Requisiten möglich, die Wahrnehmung der Zuschauer in eine bestimmte Richtung zu lenken und der Aufführung Individualität zu verleihen.

*Die Wahrnehmung der Zuschauer wird gelenkt*

Zudem hat der Theaterregisseur vielfach den Vorteil, dass die Zuschauer dem Geschehen auf der Bühne aufmerksam, passiv und in Dunkelheit getaucht folgen. Es gibt also keine Ablenkung während der Aufführung und der Zuschauer ist selbst zumeist nicht Teil der Handlung. Auch weiß der Zuschauer in der Regel grob, was ihn erwartet.

Anders bei der Inszenierung Ihres Angebotes: Hier wird der Gast zum Teil der Inszenierung, er weiß häufig nicht, was »gespielt«

wird, muss aber integriert werden. Er ist auch nicht so fokussiert wie der Theaterbesucher, hat andere Interessen, die mit Ihrem Storytelling um seine Aufmerksamkeit buhlen. Wichtig ist daher, dass Sie seine Interessen und Erwartungen aufnehmen und integrieren: Sie können nicht mit einer Geschichte punkten, die für Ihre Gäste keinen *Mehrwert* hat!

Ziel ist es also, ein Thema zu verkörpern und darum herum eine Geschichte zu erzählen. Es geht darum, Anbieter und Angebote, Umfeld (Räumlichkeiten/Örtlichkeiten), aber auch Gäste (z.B. bei Hochzeitsfeiern) ins rechte Licht zu rücken und quasi aus allem ein Event machen.

**Events schaffen bleibende Erinnerungen**

Ein Event hat zum Ziel, sich im Gedächtnis des Gastes zu verankern – einzubrennen: Es ist damit ein wesentlicher Teil des Marketings und eng verknüpft mit dem englischen Begriff »Branding«. Das Ereignis muss als etwas Besonderes, Einmaliges wahrgenommen werden. Dann erfüllt die Inszenierung ihren Zweck und kann die am Anfang genannten Vorteile erbringen.

Eine Inszenierung kann dabei zum Beispiel

- dauerhaft gewählt werden,
- nur für einen bestimmten Zeitraum oder gar ein singuläres Ereignis umgesetzt werden,
- komplett in Eigenregie erfolgen,
- im Verbund mit Partnern umgesetzt werden,
- sich eines »märchenhaften« Themas ebenso bedienen wie ganz alltäglichen Themen.

**Die Inszenierung muss verständlich und glaubwürdig sein**

Wichtig ist allerdings, dass Ihre Bemühungen, etwas in Szene zu setzen und Ihre Geschichte zu erzählen, von Ihren potenziellen Gästen honoriert werden. Dazu muss die Inszenierung zunächst von diesen verstanden werden, als etwas Besonderes wahrgenommen werden – und dann noch als glaubwürdig betrachtet werden. Entscheidend ist daher, dass die Inszenierung ganzheitlich erfolgt!

Wie wir an anderer Stelle noch sehen werden, bedeutet das,

- dass die Inszenierung bereits vor der Anreise der Gäste zu wirken beginnt (in der erweckten Erwartungshaltung),
- sich über den ersten Eindruck (Ankunft) fortsetzt,
- in die Begrüßung des Gastes einfließt,
- den gesamten Aufenthalt bestimmen muss,
- die Verabschiedung berücksichtigt
- und auch darüber hinaus wirken soll.

So mag ein Wellnesshotel perfekt für diesen Zweck ausgestattet sein und die besten Anwendungen und Massagen bieten. Wenn aber der Wellnessgedanke bei der Anreise und durch einen anstrengenden Check-in unterminiert wird oder sich nicht in der Gestaltung der Zimmer wiederfindet, wirkt die Inszenierung wenig glaubwürdig auf den Gast und verfehlt letzten Endes die angestrebte Wirkung.

### Aufgabe

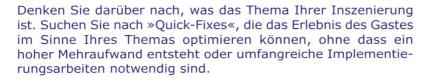

Denken Sie darüber nach, was das Thema Ihrer Inszenierung ist. Suchen Sie nach »Quick-Fixes«, die das Erlebnis des Gastes im Sinne Ihres Themas optimieren können, ohne dass ein hoher Mehraufwand entsteht oder umfangreiche Implementierungsarbeiten notwendig sind.

## Wie sich dieses Buch in kürzester Zeit bezahlt macht

Ziel dieses Bandes der Reihe Branchenwissen UP TO DATE ist es, die Bedeutung von gezielten Inszenierungen in Hotels, Restaurants und touristischen Destinationen aufzuzeigen. Sie, liebe Leserin, lieber Leser, werden nach der Lektüre gezielter analysieren können, wie ein Angebot richtig in Szene gesetzt werden kann, welche Ziele verfolgt werden sollten, was der Gast erwartet und wie eine konkrete Inszenierung auf ihn wirkt und wo diese optimiert werden kann.

Dabei liegt der Schwerpunkt des Buches nicht nur auf Maßnahmen, die viel Zeit und Budget brauchen, sondern auch und gerade auf den kleinen Dingen, die die Wahrnehmung durch die Gäste beeinflussen.

### Ihr Erfolgspotenzial

Indem Sie Ihren Blick dafür schärfen, dass Sie sich dauernd mitten in einer Inszenierung befinden, jeder Kontakt Ihres Personals einem Auftritt gleichkommt und auch scheinbare Nebensächlichkeiten – vom Bodenbelag über die Tischwäsche bis hin zum Erscheinungsbild der Sanitäranlagen – Teil dieser Inszenierung sind, die darüber entscheidet, wie der Gast Ihr Angebot wahrnimmt, werden Sie selbst täglich neue Möglichkeiten zur Optimierung finden.

Diese Optimierung der Außenwirkung, das Leistungsangebot »ins rechte Licht« zu rücken, ist nicht nur für große, sondern gerade für kleinere Anbieter von entscheidender Bedeutung. Die Maßnahmen und Aspekte zur Bewertung und Perfektionierung Ihrer Inszenierung und der gezielte Aufbau von Spannungsbögen und dramaturgisch konzipierten Abläufen sorgen dafür,

- das eigene Profil zu schärfen,
- die Attraktivität für die Gäste zu steigern,
- die Basis für Mund-zu-Mund-Propaganda und erfolgreiche Pressearbeit zu legen,
- die Besuchsfrequenz und -dauer zu steigern,
- mehr Umsatz zu erzielen und
- höhere Preise durchsetzen zu können.

Dabei kommt auch die Frage nach den Kosten der Inszenierung nicht zu kurz: Diese müssen nicht nur im Verhältnis zum erwarteten Nutzen stehen, sondern es werden auch verschiedene Möglichkeiten der Refinanzierung vorgestellt.

Zahlreiche Beispiele und in den Text eingestreute Aufgabe liefern Anregungen und konkrete Arbeitshilfen, um die eigene Inszenierung an die Erwartungen, Bedürfnisse und Wertvorstellungen Ihrer Gäste anzupassen und den Erlebnis- und Erinnerungswert eines Besuches in Ihrem Haus zu maximieren.

## Was Sie in diesem Buch erwartet

In Teil 1 dreht sich alles um die Ideen, Grundlagen und **Ziele** von Inszenierungen und Events. Sie lernen Beispiele für erfolgreiche Inszenierungen im Kleinen wie im Großen kennen, können das Thema in seiner Bedeutung einordnen und kennen prinzipielle Umsetzungsvarianten.

In Teil 2 steht die Frage **»Was erwartet der Gast?«** im Mittelpunkt. Thema und Umsetzung müssen zur Zielgruppe passen, nicht jeder Gast ist hier gleich: Sie treffen auf unterschiedliche Zielgruppen, unterschiedliche Interessen und Bedürfnisse. Aber das ist nicht der einzige Stolperstein: Auch die geweckte Erwartungshaltung und das Thema Glaubwürdigkeit sind wichtige Faktoren, die es zu berücksichtigen gilt, noch bevor überhaupt mit der konkreten Planung begonnen wird.

Anhand von Beispielen aus Gastronomie, Hotellerie und Tourismus erfahren Sie, wie Inszenierungen die wertvolle Zeit des Gastes nutzen, um ihn etwas Besonderes erleben zu lassen – oder eben auch nicht. Entscheidend ist dabei, zu verstehen, dass der Gast für die Inszenierung nicht nur einen monetären Gegenwert zahlt, sondern auch mit seiner Zeit, die er ebenso woanders verbringen könnte.

Im dritten Teil geht es um die **Kreativarbeit**, die einer erfolgreichen Inszenierung vorausgeht. »Von der Idee zum Konzept« führt uns von der Themenfindung über die Ausarbeitung der Botschaft bis zur Dramaturgie und zur Entwicklung eines Spannungsbogens, der die gesamte Wahrnehmung des Gastes umfasst – von der Einladungs- bzw. Vermarktungsphase bis hin zur Verabschiedung und der Nachbetreuung.

In Teil 4 geht es um die **Realisierung**: »Vom Konzept zur Umsetzung« beleuchtet die Frage der Bühne und ihrer Gestaltung ebenso wie die der Nebenbühnen und Nebenschauplätze, des Interieurs und der Requisiten. Naja, zumindest würde man so im Theaterjargon sagen – Sie werden natürlich erfahren, was das in der Umsetzung konkret für Sie bedeutet, was Ihre Bühne, Ihre Requisiten sind. Es geht aber auch um die technischen Aspekte der Umsetzung, um Kostenaspekte und rechtliche Fragestellungen.

Im fünften Teil dreht sich dann alles um **Psychologie** und den menschlichen Faktor: Egal wie gut die Technik und wie ausgefeilt der Ablauf – ohne die Psychologie bleibt die Inszenierung ein netter Show-Effekt. Erst wenn es gelingt, Dramaturgie und Atmosphäre so zu gestalten, dass sie den Gast emotional berühren, hinterlässt die Inszenierung bleibenden Eindruck. Und das ist wichtig, um sich im Gedächtnis des Gastes zu verankern, für wiederholte Besuche und Mund-zu-Mund-Propaganda zu sorgen. Der fünfte Teil stellt daher die dramaturgischen Kniffe und Konzepte vor, mit denen die Stimmung des Gastes gelenkt werden kann, und zeigt, wie bleibende Werte und Erinnerungen geschaffen werden.

Teil 6 verrät Ihnen abschließend, wie Sie den **Nutzen** Ihrer Inszenierung maximieren können und erfolgreiches Eventmarketing betreiben. Viele Elemente der Inszenierung wirken über die eigentliche Veranstaltung hinaus und können als Zugpferd für den Erfolg genutzt werden, wenn die Bedeutung verstanden wird und die richtigen Schwerpunkte in Kommunikation und Marketing gesetzt werden. Hier erfahren Sie, wie Sie der Wirkung Ihrer Inszenierung mehr Nachhaltigkeit verleihen.

# Teil 1: Grundlagen, Historie und Zielsetzung

Bevor Sie in das Thema einsteigen, möchte ich Sie ganz persönlich um etwas bitten: Versetzen Sie sich in Gedanken an einen Ort, an dem Sie sich vorbehaltlos und störungsfrei mit dem Stoff auseinandersetzen können. Kein Telefonklingeln. Keine Störungen. Keine Familie, die ihr Recht fordert. Kein Termindruck. Keine Hektik. Warum ich Sie darum bitte? In der richtigen Umgebung und mit der entsprechenden Einstellung werden Sie den größten Profit aus der Lektüre ziehen und die Anregung besonders gut auf Ihre konkrete Situation umlegen. Einverstanden? Los geht's!

**Beamen Sie sich an Ihren Traumort**

Vielleicht versetzen Sie sich in Gedanken an einen Ort, wo Sie den (fast) perfekten Urlaub verbracht haben. Oder an einen Ort aus Ihrer Kindheit – wo haben Sie sich damals zurückgezogen, wenn Sie von niemandem gestört werden wollten? Oder haben Sie einen fiktiven Ort in Ihrer Fantasie, an den Sie sich »beamen« können?

Haben Sie einen Ort gefunden? Wie sieht Ihr Ort aus? Stellen Sie ihn sich bildlich vor … stellen Sie sich die Geräuschkulisse vor … können Sie ihn riechen? Fühlen? Versetzen Sie sich an diesen Ort, spüren Sie ihn, atmen Sie ihn ein!

Dieser Ort – Ihr Ort – ist ein persönlicher »Hideaway«. Ein Fluchtpunkt vor dem Alltag. Jeder hat solche Hideaways, nur erinnern wir uns selten an sie. Dieser Ort ist Ihre persönliche »Komfortzone«: Hier fühlen Sie sich wohl, ruhen in sich. Gehen Sie noch einen Schritt weiter: Visualisieren Sie Ihr Hideaway umfassend. Was ist das Besondere daran, was ist *für Sie* das Besondere? Warum haben Sie gerade diesen Ort gewählt?

**Der Traumort ist eine Idealisierung**

Ist Ihr Hideaway real? Oder entspringt es der Fantasie? Wenn Sie darüber nachdenken, werden Sie feststellen, dass Ihr Hideaway eine Idealisierung ist, selbst wenn es den Ort tatsächlich gibt. Vielleicht haben Sie auch reale Hideaways, in die Sie sich zurückziehen, wenn Sie Ihre Ruhe haben wollen – ein einsamer Aussichtspunkt, ein lauschiges Plätzchen am Bach, der bequeme Sessel in der Ecke im Lieblingscafé … Was zeichnet diese Orte für Sie aus?

# 1.1 Warum etwas in Szene setzen?

Tatsächlich müssen Sie sich für die Lektüre dieses Buches natürlich nicht an solch einen Ort zurückziehen – obwohl es nicht schaden kann. Aber wenn Sie die gedankliche Übung mitgemacht haben, dann haben Sie jetzt schon viel über Inszenierung und In-Szene-Setzen gelernt:

- Jeder Mensch hat »Drehbücher im Kopf«, die bestimmten Gefühlen und Emotionen zugeordnet sind. Zwar ist man sich dieser nicht immer bewusst, aber es gibt sie für zahllose Situationen wie Entspannung, Angst, Abenteuer, Liebe, Geborgenheit, Glück etc.

- Diese Drehbücher können aktiviert werden und sorgen dafür, dass die entsprechende Emotion bzw. der Gemütszustand durchlebt wird. In der Übung habe ich Sie gezielt aufgefordert, dieses Drehbuch zum Leben zu erwecken und mit allen Sinnen zu erleben.

**Gute Inszenierungen rufen Drehbücher im Kopf ab**

Bei einer guten Inszenierung passiert Ähnliches, aber unbewusst: Nicht durch Kommandos, sondern durch gezielte Reizstimulierung wird das Script abgerufen. Fantasie und Realität fließen dabei ineinander: Die Realität wird durch die eigenen Geschichten ergänzt, und so entwickelt sich ein ganz persönliches, individuelles Erleben.

Wir alle kennen diesen Effekt, wenn wir bei einem spannenden Kinofilm mit dem Helden mitfiebern und uns mit ihm identifizieren. Oder wenn uns ein gutes Buch zu Tränen rührt. Oder uns eine Theaterinszenierung mitreißt. Womit wir beim Thema wären: Inszenierung. Längst sind es nicht mehr nur Kinos, Fernsehen, Theater und Verlage, die bewusst »in Szene setzen«. Unsere Welt ist voll von solchen Inszenierungen und gezielten Dramaturgien – in der Werbung, in der Politik, sogar bei der Selbstpräsentation des Geschäftspartners, dem wir eben vorgestellt wurden. Und sogar als Teil unseres eigenen Bildes, das wir unserem Gegenüber vermitteln.

**Inszeniert wird seit Jahrtausenden**

Inszenierungen sind keine Erfindung moderner Marketing-Gurus, sondern werden schon seit Jahrhunderten und Jahrtausenden eingesetzt. Im Theater bedeutet der Begriff ursprünglich, *ein Werk vollständig zur Anschauung bringen, um durch äußere Mittel die Intention des Dichters zu ergänzen und die Wirkung des Werkes zu verstärken* (nach August Lewald, Publizist, 1792–1871). Zwar geht es heute nicht mehr unbedingt darum, die ursprüngliche Intention zu stärken, sondern allgemein dem Zuschauer eine umfassende Interpretationshilfe an die Hand zu geben und eine

Aufführung zum Erlebnis werden zu lassen, die grundlegenden Konzepte aber haben nach wie vor Gültigkeit.

Und so haben nach und nach immer mehr Branchen erkannt, dass durch Inszenierungen das Erlebnis des Kunden/Zuschauers/Gastes/Wählers/... beeinflusst und die Wahrnehmung sowie die **Nachhaltigkeit der Botschaft** optimiert werden kann.

Auf dem Weg in die Erlebnisgesellschaft und im globalen Wettbewerb um Kunden und Märkte sind Inszenierungen ein wichtiges Instrument zur Gewinnung von Kunden und zur Differenzierung von den Wettbewerbern. Diese Erkenntnis hat sich mittlerweile auch in Tourismus, Gastronomie und Hotellerie durchgesetzt – aber noch nutzen längst nicht alle Anbieter die hieraus erwachsenden Chancen.

*Erlebnisgesellschaft und globaler Wettbewerb*

Diese Inszenierungen sind wichtig, um Orte und Angebote zu präsentieren und attraktiv erscheinen zu lassen. Wer sich dem Trend verweigert, geht unter, da er keine Aufmerksamkeit erhält.

*Aufmerksamkeit*

Christian Mikunda spricht in seinem Buch »Der verbotene Ort oder Die inszenierte Verführung« vom Zeitalter der Unwiderstehlichkeit. Die Kunden beziehungsweise Gäste sollen erwartungsvoll in eine fremde, mythische und doch zugleich vertraute Welt abtauchen. Es geht darum, die Drehbücher in den Köpfen der Gäste in Gang zu bringen, die gespeicherten Geschichten aufzurufen und wahr werden zu lassen.

Die sorgsame Inszenierung gestaltet Bühne und Umfeld so, dass alle Elemente zu Hinweisschildern auf das Thema, das große Ganze werden. Nicht das Grundthema, sondern die Ausgestaltung macht die Inszenierung unverwechselbar.

*Ausgestaltung der Inszenierung macht unverwechselbar*

## Aufgabe

Führen Sie sich einmal vor Augen, wie ein Gast Ihr Haus erlebt – visualisieren Sie bildhaft:

- Mit welchen Erwartungshaltungen reist er an?
- Was ist der Auslöser für diese Erwartungshaltungen?
- Wie wird er seine Ankunft erleben, was ist der erste Eindruck, noch bevor er den eigentlichen Ort des Geschehens betritt?
- Wie erfolgt die Begrüßung, was erwartet den Gast danach?
- Welche Emotionen sollen geweckt werden, welche Erinnerungen haften bleiben?

- Was bestimmt den Ablauf, die Dramaturgie?
- Was ist der Höhepunkt?
- Was bestimmt Zeitpunkt und Dauer des Besuches?
- Wie erlebt der Gast die Verabschiedung und mit welchem Eindruck geht er nach Hause?
- Was bleibt in seiner Erinnerung?

Stellen Sie sich den gesamten Ablauf bildhaft und intensiv vor. Schreiben sie ihn möglichst auf. Und dann machen Sie den Praxistest: Besuchen Sie Ihr Haus als Gast – nehmen Sie alles mit den Augen des Besuchers wahr, der zum ersten Mal Ihre Welt betritt. Lassen Sie sich vom Personal genauso behandeln wie ein Gast. (Natürlich werden Sie nicht exakt nachempfinden können, was der Gast empfindet, und auch das Personal wird Ihnen gegenüber ein anderes Verhalten an den Tag legen. Aber es geht zunächst um die Veränderung des Blickwinkels.)

Willkommen in Ihrer eigenen Inszenierung!

**Der Gast betritt Ihre Welt**

Anders als im Theater behält der Gast bei Ihnen in gewissem Rahmen die Kontrolle über das Geschehen – beziehungsweise eignet er sich diese Kontrolle im Laufe seiner Anwesenheit in der Rahmenwelt an. Er ist nicht zur Passivität verdammt, sondern wählt aktiv Zeitpunkt und Dauer seines Besuches bei Ihnen, entscheidet darüber, welche Angebote er nutzt und wie viel Aufwand, Zeit und Geld ihm dies wert ist. Aber er betritt Ihre Welt – den Ort, den Sie (bewusst oder unbewusst) inszeniert haben, und nun entscheidet es sich, ob Sie ihn mit Ihrer Inszenierung bewegen und Emotionen wecken können.

**Ein besonderer Ort**

Schaffen Sie es, dass der Gast sich wohlfühlt, Ihr Haus als einen besonderen Ort wahrnimmt und versteht, für welche Werte und Angebote Sie stehen, was Ihr Alleinstellungsmerkmal ist, das auch eine weite Anreise rechtfertigt?

Wird Ihr Haus zum Ort, den sich der Gast aussuchen würde, um hier einen Teil seiner Freizeit zu verbringen?

### Ihr Erfolgspotenzial

Darüber entscheiden die Inszenierung und die gewählte Dramaturgie. Sie müssen auf die jeweilige Zielgruppe und ihre Bedürfnisse zugeschnitten sein, müssen glaubwürdig erscheinen und einen Mehrwert bieten, den der Gast in dieser Form sonst nirgends findet. Inszenierung sorgt damit auch für Differenzierung, für Alleinstellungsmerkmale. Und sie muss individuell gewählt werden – Blaupausen für den Erfolg gibt es nicht.

# 1.2 Das Prinzip der Inszenierung

Das grundlegende Prinzip der Inszenierung ist vermutlich so alt wie die Menschheit – und sogar darüber hinaus, beispielsweise bei der Partnerwahl im Tierreich, zu finden. Immer geht es dabei um Differenzierung und optimale Präsentation.

Differenzierung

Dieses »In-Szene-Setzen« übernimmt somit eine wichtige Funktion im Marketing. Ziel ist es, die Attraktivität eines Angebotes oder einer Veranstaltung zu steigern und durch die Details in Form und Ausstattung bestimmte Werte zu vermitteln beziehungsweise zu unterstützen.

Auffällige Beispiele für eine Inszenierung finden sich beispielsweise in der Monarchie, in der ganz bewusst die Alleinstellung des Monarchen und sein Machtanspruch, aber auch die Stellung und Wehrhaftigkeit des von ihm repräsentierten Landes thematisiert werden. Noch heute gibt es in Großbritannien zahlreiche Beispiele für diese Selbstdarstellung der Monarchie, die sich nicht nur in Gebäuden und festlichen Zeremonien manifestiert, sondern auch in vielen kleinen Details. Natürlich wäre es für die Queen bequemer, sich bei Festlichkeiten einfach im bequemen Bentley von A nach B transportieren zu lassen und auf lästige Auftritte in der Öffentlichkeit, die nur Repräsentationszwecken dienen, weitgehend zu verzichten. Aber das würde der eigenen Rolle und dem Anspruch nicht gerecht – und so muss sie sich, von einem Ehrenbataillon hoch zu Ross begleitet, in eine Prunkkutsche schwingen und durch die Menge fahren, während sie dieser huldvoll zuwinkt.

Aber selbst, wenn Sie Ihrer Frau einen Blumenstrauß mitbringen, weil Sie sich für etwas entschuldigen wollen, oder wenn Sie ein elegantes Dinner für Geschäftspartner planen, nutzen Sie das Konzept der Inszenierung. Und wenn sich bei Ihnen neue Mitarbeiter bewerben, dann erwarten Sie wiederum, dass diese sich von ihrer besten Seite zeigen und die zugedachte Rollenverteilung akzeptieren.

Inszenierung ist überall

Zur Inszenierung gehören insbesondere:

- die Gestaltung des Umfeldes einer wie auch immer gearteten Veranstaltung
- die Konzeption des Ablaufs dieser Veranstaltung (Dramaturgie)

Wie wir später noch sehen werden, gibt es dabei nicht *die* eine perfekte Ausgestaltung, und auch die Ablaufplanung richtet sich nach dem jeweiligen Thema, der Zielgruppe und ihren Bedürfnissen sowie dem verfolgten Ziel.

# 1.3 Die Bedeutung im Wirtschaftsleben

Unsere Konsumwelt hat sich in den vergangenen dreißig Jahren stark in Richtung **Emotionalisierung des Marketings** verändert. Selbst Hersteller von Konsumgütern entwickeln aufmerksamkeitsstarke Markenwelten, um Interessenten auf der Gefühlsebene von ihren Produkten zu überzeugen.

Hintergrund ist dabei, dass sich die Angebote in ihren Funktionen, der Qualität und dem Preis immer weniger unterscheiden. Zugleich aber haben die umworbenen Kunden immer mehr Auswahl, sind immer informierter und können über das Internet gezielt nach günstigen Angeboten suchen und sie online bestellen.

### Ihr Erfolgspotenzial

Sind aber die Unterschiede zwischen den einzelnen Angeboten und Anbietern faktisch nur noch von untergeordneter Bedeutung, dann ist die Emotionalisierung des Angebotes die effektivste Möglichkeit, das Angebot gegenüber dem Wettbewerb zu differenzieren und die Kunden an die eigene Marke zu binden. Diese Emotionalisierung erfolgt durch die gezielte Inszenierung von Produkten und Angeboten. So wird die rein rationale Entscheidungsebene unterwandert und Kunden agieren gefühlsmäßig und impulsiv.

**Menschen suchen den »Kick«**

Parallel dazu wollen Menschen in ihrer Freizeit immer häufiger etwas »Aufregendes« erleben, suchen nach Möglichkeiten, ihre Umwelt emotional zu erfahren. Dieser Wunsch nach Emotionalisierung, die Suche nach Abenteuer und Abwechslung, ist auch darin begründet, dass man der Arbeit und dem Familienalltag für eine gewisse Zeit entfliehen möchte. Letztlich geht es dabei um den Wunsch nach Selbstverwirklichung.

**Erlebnis und »Involvement«**

Eine Inszenierung, in die man eintauchen kann und die die eigene Vorstellungswelt anregt und aktiviert, sorgt zudem dafür, dass man sich lebendig fühlt. Man ist Teil des Events, lebt mit, fühlt mit. Es geht für den Anbieter somit darum, den Grad der Involviertheit beim Zuschauer/Kunden/Gast zu steigern: Je mehr mentalen Aufwand Letzterer investiert, um Bilder und Botschaften zu verarbeiten und mit eigenen Erlebnissen zu kombinieren, umso stärker seine emotionale Beziehung zum Angebot.

### Ihr Erfolgspotenzial

Eine gezielte Inszenierung greift daher bewusst die Wünsche und Hoffnungen einer Zielgruppe im Hinblick auf die eigene Selbstverwirklichung auf und schafft eine Welt, die – zumindest scheinbar und für einen begrenzten Zeitraum – diesen Wunsch unterstützt und erfüllt. Ziel ist es, den Gast zu involvieren und zu aktivieren, den Erlebniswert zu steigern.

# 1.4 Psychologische Grundlagen: Der dritte Ort

Betrachten Sie für einen Moment einen Ihrer Gäste. Warum ist er am heutigen Tag bei Ihnen?

Vermutlich kennen Sie den Gast kaum, vielleicht wissen Sie gar nichts von ihm. Aus psychologischer Sicht können wir für den typischen Gast trotzdem ein paar Annahmen treffen – egal, ob Sie eine Imbissbude betreiben, ein Ausflugslokal oder ein Luxushotel. Das Leben des Gastes spielt sich maßgeblich an drei Orten bzw. in drei Bereichen ab:

*Warum ist Ihr Gast heute bei Ihnen?*

- ■ Der erste Bereich ist das eigene **Zuhause** und das familiäre Umfeld.
- ■ Der zweite Bereich ist die **Arbeitswelt**.
- ■ Und der dritte Bereich ist der Freizeitbereich: **der »dritte Ort«**.

Mit diesem Wissen können Sie den Besuch des Gastes in Ihrem Haus vermutlich einem dieser Bereiche zuordnen – und in vielen Fällen wird er in den Freizeitbereich fallen. Zwar mag der eine oder andere Besuch auch der Arbeitswelt zuzuordnen sein, der Freizeitsektor ist aber in den meisten Fällen der überwiegende Auslöser für den Besuch. Familienfeiern, die z.B. in einem Restaurant stattfinden, sind auch dem dritten Ort zuzuordnen, da sie ja prinzipiell auch zu Hause hätten stattfinden können.

Daraus folgt zwangsläufig die Frage, was alle Ihre Gäste dazu bringt, ihr sicheres Zuhause zu verlassen und in ihrer Freizeit gerade Ihr Unternehmen zum bevorzugten dritten Ort zu erklären. – Natürlich lässt sich die Frage auch umkehren: Was bringt diejenigen, die nicht den Weg zu Ihnen finden, dazu, als (temporär) bevorzugten dritten Ort ein anderes Angebot zu wählen?

Sie müssen mehr bieten als eine Unterkunft für die Nacht, ein gutes Essen oder ein nettes Ausflugsziel. Was Sie benötigen, ist eine Dramaturgie, die potenzielle Gäste geradezu verführt, sich gezielt auf den Weg zu Ihnen zu machen und die eigene, sichere Umgebung für ein interessantes, spannendes und aktivierendes Erlebnis zu verlassen.

**Das Zuhause: der erste Ort**

Zurück zum Konzept des dritten Ortes: Es ist nicht nur normal, sondern gilt als wichtig und priorität, den ersten Ort, die eigene Wohnung, so ansprechend wie möglich zu gestalten. Wir wollen ein Umfeld, das unsere Ideen, Wertewelten und Lebensmuster optimal unterstützt. Und doch – oder gerade deswegen – ist keine Wohnung wie die andere eingerichtet. Sie wird zum individuellen Heim und zahllose Unternehmen haben sich darauf spezialisiert, bei der persönlichen Ausgestaltung zu helfen.

**Der Arbeitsplatz: der zweite Ort**

Der zweite Ort, der Arbeitsplatz, ist vom Arbeitnehmer nur bedingt gestaltbar. Zwar ist die Bedeutung einer ansprechenden Arbeitsumgebung für die Produktivität und auch die Motivation der Angestellten mittlerweile unumstritten, die Einflussmöglichkeiten sind jedoch bedeutend geringer. Es bleibt aber notfalls immer ein drastischer Schritt: der Wechsel des Arbeitsplatzes.

**Home away from Home: der dritte Ort**

Bleibt der dritte Ort, der zur Freizeitgestaltung genutzt wird. Faktisch handelt es sich natürlich hier nicht nur um *einen* Ort, sondern um eine Vielzahl von Orten. Hier geht es weniger um die aktive Gestaltung der Orte, sondern um die gezielte Auswahl: Warum sollte jemand seine kostbare Freizeit an einem Ort verbringen, sein hart verdientes Geld dort ausgeben, wo er sich nicht wohlfühlt? Der dritte Ort soll daher im Ideal die Vorstellung des »Home away from Home« erfüllen – die Heimat in der Fremde.

In diesem Sinne müssen Sie Ihr Hotel, Ihr Restaurant oder Ihr touristisches Angebot als eine **zeitweilige Lebenswelt** begreifen, in der Ihre Gäste freiwillig und gezielt ihre (Frei-)Zeit verbringen, ihr Geld ausgeben und ihre Visionen ausleben. Oder eben auch nicht. Dann nämlich, wenn Ihr Angebot zu wenig attraktiv erscheint, zu wenig zu bieten hat oder einfach nicht in die Vorstellung einer Lebenswelt passt, in der potenzielle Gäste gerne ihre Zeit verbringen wollen.

Ihr (halb-)öffentlicher Raum wird im Idealfall zu einem persönlichen Hideaway abseits vom ersten und zweiten Ort, den sich der Gast aussucht, weil er hier eine ganz besondere Stimmung erlebt, ihn der Ort emotional bindet. Dabei treten die konkreten Angebote unter Umständen sogar in den Hintergrund: Das Essen kann noch so exklusiv, hochwertig, schmackhaft und preiswert sein – wenn die Atmosphäre nicht stimmt, bleiben die Gäste aus!

Hinzu kommt, dass sich die Idealvorstellung eines »Home away from Home« für jedes Individuum ebenso unterscheidet wie die Wohnungen, in denen diese Individuen leben. Mehr noch: Abhängig vom Gemütszustand und von temporären Vorlieben kann der bevorzugte dritte Ort heute Abend ganz anders aussehen als morgen. Das Schöne am dritten Ort ist auch, dass man in ihm nicht dauerhaft leben muss: So ist es möglich, immer wieder Neues auszuprobieren, spontanen Wünschen nachzugehen und sich immer wieder aufs Neue zu entscheiden.

**Gefühle und Stimmungen**

Dabei soll der jeweils gewählte dritte Ort die momentanen Gemütszustände und Emotionen möglichst gut unterstützen: Bin ich auf der Suche nach Einsamkeit und Abgeschiedenheit, so werde ich einen anderen Ort und ein anderes Angebot bevorzugen als in einem Moment, in dem mir nach Gesellschaft, nach Abenteuer, nach Unterhaltung oder nach Sicherheit ist.

**Mikrokosmos der eigenen Vorstellungswelt**

Aber mehr noch: Der dritte Ort, den wir bewusst aufsuchen, um dort unsere Zeit zu verbringen, soll einen Mikrokosmos der eigenen Vorstellungswelt repräsentieren. Dies ist der Link zu den Drehbüchern in den Köpfen der Gäste: Im Idealfall ist der gewählte dritte Ort einmalig, deckungsgleich mit der Vorstellung und regt zudem die eigene Fantasie an. Es geht also darum, Erlebniskonzepte zu schaffen. Ihr Haus muss beim Gast Erinnerungen hinterlassen und Emotionen wecken, die dieser mit dem Ort in Verbindung bringt und von denen er glaubt, sie nur hier – oder doch zumindest hier besonders gut – erleben zu können.

Und jetzt vergleichen Sie das einmal mit den üblichen Angeboten, die man häufig im Gastgewerbe vorfindet:

- ■ Da wird der Gast zum lästigen Störfaktor.
- ■ Die Strukturen sind vielfach darauf ausgerichtet, mehr Masse als Klasse zu liefern.
- ■ Selbst wenn die Angebote attraktiv sind, finden sich zahlreiche Details, die nicht durchdacht sind oder den Gast stören.
- ■ Orte und Angebote sind austauschbar, haben keine Identität, vermitteln kein Flair.
- ■ Zwischen der in der Werbung geweckten Erwartungshaltung und dem Erleben des Gastes vor Ort liegen oft genug Welten.

Diese Liste ließe sich beliebig verlängern. Viele Anbieter in Hotellerie und Gastronomie, aber auch touristische Attraktionen versäumen es, sich richtig und vor allem umfassend in Szene zu setzen. Der Versuch – so er überhaupt gezielt unternommen wird – bleibt halbherzig, der Gast bemerkt Brüche und es werden andere Emotionen geweckt als eigentlich intendiert. Der Ort hat das Potenzial, zum persönlichen Hideaway zu werden, verspielt.

Auf der anderen Seite gibt es sie wirklich: die Orte, die Hotels, Restaurants, Cafés, die es schaffen, den Gast für sich zu begeistern. Und dazu bedarf es nicht unbedingt des Aufwandes, den Disneyworld und Co. betreiben, um den Besucher in eine Fantasiewelt zu entführen und ihn den Alltag vergessen lassen.

Vielmehr schaffen es manche Anbieter, mit einer sehr dezenten, aber stimmigen Inszenierung und mit einer unaufdringlichen Dramaturgie, dem Gast das Gefühl zu vermitteln, jederzeit willkommen zu sein und ein Erlebnis geboten zu bekommen, das seiner Wertewelt entspricht.

### Beispiel

Das »Petit Café« in Hamburg-Eppendorf ist auf den ersten Blick nichts Besonderes – im Sommer stehen ein paar Tische und Stühle auf der Straße, im Winter spielt sich alles in dem verwinkelten Gastraum ab. Tische und Stühle passen nicht wirklich zueinander, manche wackeln, es ist eng. Überall gibt es irgendetwas zu entdecken – einen alten Spiegel, Milchkrüge, das Geschirr wirkt wie auf dem Flohmarkt zusammengeklaubt. Trotzdem: Hier fühlt man sich wohl. Es gibt frisch gebackenen Blechkuchen – noch warm. Zu haben ist, was gerade aus der Backstube kommt – wenn man Pech hat, dauert es auch mal zwanzig Minuten, bis Nachschub kommt. Doch die Wartezeit nimmt man gerne in Kauf. Alle scheinen eine große Familie zu sein – viele Gäste sind Stammgäste, viele trifft man mehrmals in der Woche hier. Es ist ihr verlängertes Wohnzimmer.
Andererseits findet man zum Petit Café in Bewertungsportalen wie Qype auch eine Menge Verrisse: überlaufen, überteuert, überbewertet, nichts Besonderes. Doch auch das ist typisch für eine Inszenierung: Sie überträgt ihre Magie nicht auf jeden. Und der zu große Erfolg einer Inszenierung – das Petit Café steht mittlerweile als Tipp in jedem guten Reiseführer über Hamburg – kann selbst wieder schädlich sein. Es gilt also, die richtigen Zielgruppen anzusprechen und die Werte zu adressieren, die diese Zielgruppe besonders interessieren. Im Fall des Petit Café ist dies vor allem Authentizität: keine aufgemotzten Torten, kein Barista, der sich in der Kunst bemüht, aus Espresso ein noch lifestyligeres Lifestyle-Produkt zu machen. Wer das sucht, geht besser ein paar Straßen weiter.

Das Beispiel zeigt: Inszenierung muss nicht teuer sein. Sie muss auch nicht aufwendige Fantasiewelten kreieren. Wichtig ist, dass sie stimmig ist und den Gästen eine kleine Flucht aus dem Alltag ermöglicht. Dass dabei nicht alle Gäste identisch empfinden, gehört zur Natur der Sache. Inszenierung muss also auf die Zielgruppe abgestimmt sein und sich auch in der Vermarktung genau an diese Zielgruppen wenden – damit diese das Angebot als gern besuchten dritten Ort wahrnehmen und in ihrer Erinnerung verankern.

# 1.4 Strategische Dramaturgie

Teil der Inszenierung ist die Dramaturgie. Sie führt den Gast durch die Inszenierung, sorgt dafür, dass Emotionen abgerufen werden und Spannungsbögen durchlaufen werden. Der Dramaturgie kommt somit strategische Bedeutung zu.

**Beispiel**

Das Hamburger Restaurant »Henssler & Henssler« liegt direkt am Fischmarkt – wäre nicht gerade eine Baustelle vor der Tür, hätte man zumindest von der Terrasse und durch die Glastüren einen schönen Ausblick auf die Elbe und die Hafendocks. Dummerweise hat das Henssler & Henssler keinen eigenen Parkplatz. Und auch für Besucher, die mit öffentlichen Verkehrsmitteln anreisen, ist die Lage für ein Luxusrestaurant nicht gerade optimal.
Dafür wird Fisch serviert. Das passt schon mal zur Location. Im Mittelpunkt stehen kreative Sushi-Variationen – dafür ist Steffen Henssler, der Juniorchef, bekannt. Aber auch seine sonstigen kulinarischen Angebote haben das gewisse Etwas und zeichnen sich durch ihren asiatisch-amerikanisch-europäischen Fusion-Charakter aus. Dafür steht der Juniorchef, der aus diversen Kochshows im TV einem breiten Publikum bekannt ist und auch sein eigenes Kochbuch herausgebracht hat.
Okay, kein Parkplatz. Und irgendwie ist das Restaurant trotz prominenter Lage für den Erstbesucher gar nicht so leicht zu finden. Es befindet sich nämlich in dem unscheinbaren Gebäude, das sich nicht von den restlichen Fischmarkthallen und sonstigen Gebäuden unterscheidet. Keine riesige Leuchtreklame mit dem Namen des Restaurants, der Hinweis auf den Eingang sehr dezent.
Beim Betreten dann fast ein Schock – ein Zwischending zwischen Kantine und Industriehalle. Groß, laut, an der Decke Ab-

luftrohre. Doch: Der Eingang ist perfekt gewählt: Hinter sich hat der Gast nur noch die Garderobe, vor sich überblickt er das gesamte Restaurant. Es gibt keine Nischen oder Stellwände, die den Blick behindern würden. Direkt in Blickrichtung erwartet die sympathische Dame am Empfang den Gast schon mit einem einladenden Lächeln – bereit, die Reservierung zu überprüfen und den Gast zu seinem Platz zu bringen. Nicht nur die Offenheit des Raumes, sondern auch das Verhalten der Mitarbeiterin ist Programm. Im Henssler & Henssler setzt man sich nicht selbst an einen Tisch, sondern wird platziert. (Und beim nächsten Besuch wird man am Empfang sogar mit Namen begrüßt – ein Detail, das mir sehr positiv auffiel und dafür sorgte, dass ich mich nach einem Besuch bereits als akzeptierter Teil der »Community« fühlte.)

Smalltalk inbegriffen wird der Gast von einer überaus freundlichen, zuvorkommenden Bedienung über die Tagesangebote informiert und ihm wird die Menükarte gereicht. Mittlerweile hat er sich auch an die Szenerie gewöhnt und nimmt nun die offene Küche wahr. Ein Show-Element in der Inszenierung: Hier werden nicht nur die Sushi-Teller und sonstigen Speisen zubereitet, sondern schnell fällt auch auf, dass manche Tische ihre Sushi-Bestellungen in Schiffen serviert bekommen ... Die Geräuschkulisse ist geschäftig, die hallenartige Atmosphäre sorgt dafür, dass das Henssler & Henssler nicht unbedingt der perfekte Ort für ein romantisches Dinner zu zweit ist, doch man fühlt sich sofort wohl. Übertönt werden die Stimmen im Hintergrund immer wieder durch das Klingeln aus der Showküche, das signalisiert, dass wieder ein Gericht für den Service bereitsteht. Und das Klingeln ist nicht nur ein weiterer akustischer Part der Inszenierung, sondern sorgt auch dafür, dass viele Gäste unweigerlich immer wieder neugierig zur Theke schauen, auf der das nächste Wunderwerk wartet. Und um Wunderwerke handelt es sich nicht nur geschmacklich, sondern auch optisch – auch hier ist die Inszenierung zu spüren.

Währenddessen wird die eigene Bestellung aufgenommen. Die Mitarbeiterin empfiehlt noch das Wasser – was man gerne annimmt. Zusatzverkauf durch geschickte Dramaturgie, denn bei genauer Beobachtung fällt auf, dass auf fast jedem Tisch eine Karaffe mit Wasser steht – das Wasser ist zwar im Tagesmenü enthalten, aber nicht jeder hat das Tagesmenü bestellt.

Die Tische: funktional, in Reihen ausgerichtet, offenbar alles Zweiertische, die aber für größere Gruppen auch leicht zusammenschiebbar sind. Auf den Tischen Papierunterlagen in der Größe des Tischs, die für jeden Gast ausgewechselt werden. Alle unbesetzten Tische sehen gleich aus, die »Requisiten« wie Essstäbchen in der typischen Papierhülle, Kännchen mit Sojasoße, Tischschmuck und Gläser sind überall exakt ausgerichtet. Interessant am Rande: Die Essstäbchen liegen mit der Rückseite nach oben auf den Tischen … als ich sie umdrehe, wird mir klar, warum: Die Rückseite passt optisch einfach besser zum restlichen Tisch. Verlassen Gäste das Lokal, so dauert es nur wenige Augenblicke, bis der Tisch abgeräumt ist und neu eingedeckt wird. Alles ist sehr geschäftig, aber irgendwie schafft es das Personal, trotzdem keine Hektik aufkommen zu lassen.

Insgesamt passt alles zur Inszenierung. Als die Getränke kommen, schenkt die Bedienung ein, als die Gerichte serviert werden, ist wie von Zauberhand Sojasoße im dafür vorgesehenen Schälchen gelandet – ich habe es nicht mal mitbekommen. Übrigens: Steffen Henssler ist heute nicht zu sehen – das aber tut dem Genuss keinen Abbruch. Dafür wandert Vater Henssler durch die Reihen, unterhält sich hier mit Gästen, hilft dort aus, offeriert Gästen, die sich mit Stäbchen schwertun, eine leichter zu handhabende Esshilfe und ist eigentlich überall auf einmal. Man hat das Gefühl, willkommener Teil einer Familie zu sein. Nebenher bekommt man mit, dass das Personal Gäste darauf hinweist, dass gerade Parksheriffs in der Gegend unterwegs sind … und wer seinen Wagen (darunter zahlreiche Luxuskarossen) direkt vor dem Lokal geparkt hat, tue doch besser daran, ihn kurz umzusetzen. Customer Care von einer ganz anderen Seite.

Leider geht das Essen irgendwann zu Ende. Geschmeckt hat es. Ein Erlebnis war es auch. »Bis zum nächsten Mal«, meint die Bedienung, die gerade ein kleines Vermögen kassiert hat und der ich ein großzügiges Trinkgeld gegeben habe. Hat schließlich alles gepasst.

Beim Hinausgehen führt der Weg vorbei am Tisch mit den Buch- und Videoproduktionen, die rund um den Juniorchef entstanden sind. Wäre jetzt eigentlich ein schönes Mitbringsel und ein Erinnerungsstück, wenn ich das Kochbuch nicht eh schon zu Hause im Regal stehen hätte. »Bis bald – haben Sie einen schönen Tag«, gibt man mir noch mit auf den Weg. Ja … gern bis bald.

Christian Mikunda schreibt: »Die strategische Dramaturgie beruht auf Erkenntnissen der kognitiven Psychologie und soll dazu beitragen, Erlebnisse zu optimieren.« (Der verbotene Ort, S. 17) – Im Henssler & Henssler stimmt diese Dramaturgie, alles wirkt durchdacht und doch nicht aufgesetzt. Selbst die Lage und der erste äußere Eindruck passen zur Inszenierung.

## Aufgabe

Reflektieren Sie Ihre eigenen Erfahrungen: Wo werden Sie gezielt zum Dramaturgen, was unternehmen Sie, um das Erlebnis Ihrer Gäste zu optimieren?

Nach Mikunda gibt es sieben ganz unterschiedliche psychologische Mechanismen, die in der strategischen Dramaturgie eingesetzt werden können, um Konsumenten zu involvieren und zu aktivieren (ich werde auf die einzelnen Elemente im Kapitel 5 im Rahmen der psychologischen Faktoren noch detaillierter eingehen):

1. **Brain Scripts:** Drehbücher im Kopf, die durch Motive und Handlungen abgerufen werden und dem Gast das Gefühl geben, in das Geschehen eingeweiht zu sein.

2. **Inferential Beliefs:** Das Verleiten des Gastes dazu, sich Meinungen zu bilden und Eigenschaften von bestimmten Teilen der Inszenierung z.B. auf das Angebot und den Anbieter zu übertragen. Dieser Fächer gefolgerter Eigenschaften gibt dem Gast das Gefühl, mit dem Geschehen vertraut zu sein und sich einfühlen zu können.

3. **Cognitive Maps:** Geistige Landkarten, die der Gast entwickelt, um sich Orientierung zu verschaffen, in der inszenierten Welt den Überblick zu behalten und sich heimisch zu fühlen.

4. **Time-Line:** Die Beeinflussung des Zeitempfindens des Gastes, sodass er das Gefühl der Kontrolle seiner eigenen Zeit hat und sich nicht fremdbestimmt fühlt. Die Dramaturgie muss dafür sorgen, dass Wartezeiten, aber auch Zeitabläufe positiv empfunden werden und der Gast nicht das Gefühl bekommt, seine Zeit zu vergeuden.

5. **Antizipation:** Der Aufbau von Spannung und einer Erwartungshaltung durch die gezielte Information (oder auch Desinformation) des Gastes zu bestimmten Zeitpunkten einerseits und das Auflösen dieser Spannung und Erwartung im weiteren Verlauf. Der Gast durchwandert vielfach im Rahmen der Inszenierung zunächst einen spannungsgeladenen Zustand, der sich letztlich in einem entspannten Zustand auflöst.

6. **Sentence Frames:** Der Aufbau eines Leitsystems, das dem Gast eine Klammer über die Inszenierung bietet und ihm Start (Auftritt) und Ende (Abgang) sowie die logischen Verbindungen zwischen diesen plausibel macht. Er fühlt sich dadurch sicher und orientiert.

7. **Media Literacy:** Spiel mit der Wahrnehmung der Realität durch den Gast, das Rätsel und scheinbare Widersprüche entstehen lässt, die der Gast auflöst. Das Lösen und Durchschauen dieser »Rätsel« gibt dem Gast das Gefühl, geschickt und eingeweiht zu sein.

Die Dramaturgie setzt dabei auf verschiedene immer wiederkehrende Prinzipien, um die Wahrnehmung durch den Gast gezielt zu beeinflussen. Bei Mikunda finden sich insgesamt 24 Kunstgriffe der Dramaturgie, die er in die folgenden fünf Kategorien unterteilt:

- Idealisierung der inszenierten Welt
- Emotionalisierung des Gastes
- Stabilisierung und Ordnung der Abläufe
- Vereinheitlichung
- Aufklärung des Gastes

Hierbei handelt es sich um die Grundaufgaben der Inszenierung und der zugrunde liegenden Dramaturgie. Wir werden die einzelnen Methoden ebenfalls im Kapitel 5 beleuchten.

# 1.5 Inszenierung: Die Anfänge in der Gastronomie

Ich habe bereits kurz erwähnt, dass Inszenierungen im Theater gebräuchlich sind, aber auch von Monarchien und der Politik genutzt werden und längst Einzug in die Werbung gefunden haben.

Natürlich gibt es schon seit Langem Luxushotels und Nobelrestaurants, die es geschickt verstanden und verstehen, ihre Gäste sehr aufwendig zu umsorgen und sich selbst sowie den Gast geschickt in Szene zu setzen. Hotels wie das Sacher in Wien oder das Adlon in Berlin sind Beispiele für solche Inszenierungen.

Die Inszenierung für die breite Masse und die Fokussierung auf den Event-Charakter aber hat längst nicht diese Tradition. Im Gegenteil: Die moderne Erlebnisgastronomie und -hotellerie ist – von Ausnahmen abgesehen – vergleichsweise jung.

## 1.5.1 Erlebnisgastronomie

Unter dem Begriff Erlebnisgastronomie versteht man Ideen und Konzepte, mit denen Gaststätten versuchen, ihre Gäste durch besondere Zusatzaktionen zu unterhalten. Neben dem Essen und Trinken soll der Besuch des Lokals etwa durch das besondere Ambiente oder durch Varieté-Vorführungen reizvoll wirken und dadurch entweder Gäste anlocken oder höhere Preise rechtfertigen. Im Unterschied zu einem normalen Restaurant ist häufig schon zum Betreten eines Lokals mit Erlebnisgastronomie ein Eintrittsgeld zu zahlen.

Erlebnisgastronomie im weitesten Sinne bieten von jeher Ausflugslokale in reizvoller Lage, die dem Gast neben Speis und Trank eine spektakuläre Aussicht bieten – und deren Betreiber dafür auch höhere Preise nehmen können als Gaststätten in vergleichs-

*Unterhaltung durch Zusatzaktionen*

weise reizloser Umgebung. Hierzu gehören zum Beispiel auch Turmrestaurants. Heute zählen auch Locations in den oberen Etagen von Hochhäusern zu jenen Orten, die neben anderen Faktoren durch Aussicht punkten.

Im engeren Sinne verlangt Erlebnisgastronomie ein gezielt eingesetztes Konzept zur Unterhaltung der Gäste.

Als Vater der Erlebnisgastronomie in Deutschland gilt Hans-Peter Wodarz. Der Sternekoch, der zunächst unter Eckart Witzigmann in München arbeitete und 1975 sein erstes eigenes Restaurant eröffnete, begann 1988, sich für Erlebnisgastronomie zu begeistern. Mit »Panem et Circenses« realisierte Bernhard Paul, Direktor des Circus Roncalli, 1990 eine neue Idee in Form einer Dinnershow. Als Köche engagierte er Hans-Peter Wodarz und Alfons Schuhbeck. Das kulinarische Reisevarieté verband im historischen Spiegelzelt Kunst und Gaumenfreuden. Nach diesen ersten Projekten schafften Wodarz und Paul 1993 mit einer Inszenierung unter dem Namen »Pomp Duck and Circumstance« den endgültigen Durchbruch für die Erlebnisgastronomie in Deutschland. Die Show gastierte in verschiedenen deutschen Städten. Dabei bot das aus Schauspielern und Artisten bestehende Restaurantpersonal zugleich eine Show mit Slapstick und Jonglage. Ein weiteres Beispiel für ein solches Konzept ist der »Witzigmann Palazzo« von Eckart Witzigmann.

Sehr beliebt sind die in vielen Städten angebotenen mehrgängigen »Krimi-Dinners«, bei denen Schauspieler die Gäste in ein interaktives Theaterstück verwickeln, das zwischen den Gängen für Spannung und Unterhaltung sorgt.

## 1.5.2 Themengastronomie

Grundkonzept nicht gastronomisch

Abzugrenzen von der Erlebnisgastronomie ist die Themengastronomie. Hierunter versteht man gastronomische Einrichtungen, meist Restaurants, aber auch Hotels, mit einem dominierenden Konzept, das nicht von gastronomischer Natur ist. Das Konzept beeinflusst die Architektur, die Musik, das Ambiente und das Speisenangebot der Gaststätte, wobei das Speisenangebot normalerweise eine sekundäre Stellung gegenüber der Darstellung des Themas einnimmt. Die Atmosphäre des Themas wird in einem Maß dargestellt, das über bloße Dekoration hinausgeht.

Bereits seit den 1970er Jahren existiert die erste Kette der Themenrestaurants, das Hard Rock Café. In den 1980er Jahren breitete sich die Idee aus. Es entstand die Mittelalter-Lokalkette Medieval Times – Dinner & Tournament. Der Hype der Themenorientierung kam Mitte der 1990er Jahre mit Planet Hollywood.

Parallel dazu entwickelten sich auch immer mehr Themenhotels, wobei viele hier nicht ein durchgängiges Thema für das gesamte Hotel wählen, sondern für jedes Zimmer ein anderes Thema und damit eine andere Einrichtung entwickeln. Beispiele für solche Themenhotels sind das Madonna Inn in San Luis Obispo, Kalifornien, mit 109 einzigartigen Räumen oder auch die Propeller Island City Lodge in Berlin.

Eine weitere Welle von Themenhotels entstand in Las Vegas, wo alle möglichen Themenwelten als Hotels und Casinos inszeniert werden. Eine kleine Auswahl:

- Ritterburg: Excalibur Hotel & Casino
- ägyptische Pyramiden: Luxor Hotel & Casino
- das alte Rom: Caesar's Palace
- Piraten: TI Treasure Island
- Zirkuswelten: Circus Circus
- Weltstädte: Paris, The Venetian Resort, Monte Carlo, New York New York
- Oktoberfest: Bavarian Hofbräuhaus

Las Vegas und auch das Madonna Inn sind zudem gute Beispiele für eine weitere Entwicklung im Rahmen der Inszenierung: Statt den Gast nur passiv zum Zuschauer zu machen, bieten hier viele Hotels an, den Gast selbst in Szene zu setzen: Die Hotels bieten so unter anderem komplette Wedding-Packages an, bei denen der Gast seine ganz persönliche Traumhochzeit in der inszenierten Welt erleben kann.

Viele der Las-Vegas-Hotels und -Casinos belassen es zudem nicht nur bei passiven Themenwelten, sondern bieten kostenlose Shows und Attraktionen, um Gäste anzulocken. Im Rio Suites Hotel & Casino kann der Gast sogar selbst zum Mitwirkenden in einer solchen Show werden, im Venetian kann er sich vom (singenden) Gondoliere durch künstliche Kanäle fahren lassen, im Paris den Eiffelturm besteigen, im Excalibur an einem Rittermahl teilnehmen und im Hilton erwartet ihn eine Star-Treck-Attraktion – komplett mit Casino, Museum, Shop und Quark's Bar and Restaurant.

Gast wird in Szene gesetzt

# 1.6 Inszenierung in Hotellerie und Gastronomie heute

Heute können Spitzenköche, Restaurant, Hotels und Destinationen, die etwas auf sich halten, auf eine Inszenierung nicht mehr verzichten. Die Spannbreite der möglichen Themen und Konzepte ist dabei extrem groß – und nicht immer muss es dabei so bombastisch zugehen wie in Las Vegas. Häufig geht es vor allem darum, den Anbieter, das Angebot oder den Gast ansprechend in Szene zu setzen.

**Musterbeispiel perfekter Inszenierung einer Person**

Das beste Beispiel für die Inszenierung einer Person ist vermutlich der britische Starkoch **Jamie Oliver**. Er schafft es, in den Medien fast omnipräsent zu sein, schreibt Kochbücher, hat eigene Fernsehshows, die weltweit lizensiert werden und auch auf DVD erhältlich sind, steht auf der Bühne, wirbt für eine eigene Kollektion von Küchenhelfern, die seinen Namen trägt, mischt sich in »politische« Themen wie das englische Schulessen ein, gibt in seinen Restaurants arbeitslosen Jugendlichen eine Chance, und sogar sein Privatleben schafft es in die Presse. Seine Restaurants werden dabei fast zur Nebensache – und selbst wenn seine Aktionen (wie beim Thema Schulessen) auf Widerstand stoßen und zu Diskussionen herausfordern, tut das seiner Popularität keinen Abbruch. Und bei allem verkörpert Jamie Oliver die klare Botschaft, dass für gutes Essen vor allem hochwertige Zutaten und Kreativität notwendig sind, nicht jahrelange Kochkurse und stundenlanges In-der-Küche-Stehen.

**Starköche**

Jamie Oliver hat auch die deutsche Restaurantlandschaft beeinflusst und durch sein Beispiel Kochshows wie Kerners Köche zu Popularität verholfen. Auch die in dieser Senderreihe regelmäßig auftretenden Köchinnen und Köche wie Alfons Schuhbeck, Cornelia Poletto, Alexander Herrmann, Horst Lichter, Sarah Wiener und allen voran Johann Lafer verstehen es hervorragend, sich in Szene zu setzen und ihre Popularität in klingende Münze zu verwandeln.

**Produkte und Lieferanten**

Andere Restaurants wiederum verstehen es hervorragend, ihre Grundprodukte und Zulieferer als Basis für eine Inszenierung zu nutzen, sie verwenden regionale bzw. landesbezogene Themen als Aufhänger, inszenieren ihre Lage, ihre Geschichte oder ihre riesigen Portionen. Imbissbuden werben mit der teuersten oder der schärfsten Currywurst und schaffen es damit bei richtiger Inszenierung und geschicktem Marketing sogar bis ins Fernsehen.

Hotels greifen ebenfalls die Lage auf, aber auch andere zielgruppenbezogene Themen wie Kinderfreundlichkeit, Barrierefreiheit,

Luxus, Wellness und vieles andere mehr. Statt ihre Gäste in typische Hotelbetten zu packen, betten sie sie in Maisfelder, Blockhütten, Eishöhlen und Baumhäuser. Bei Disney gesellen sich in den Resort-eigenen Hotels Mickey, Pluto und Goofy zum Frühstück zu den Gästen (natürlich gegen Gebühr und Anmeldung) und die EasyHotels inszenieren sich als Budgetangebot für den preisbewussten Reisenden. Eher den betuchten Gast haben Designhotels im Auge, die zum Teil von international renommierten Designern konzeptioniert werden. Designhotels stellen, anders als Themenhotels, nicht ungewöhnliche Themen, sondern Ästhetik, Lifestyle, Kunst und Design in den Mittelpunkt der Inszenierung – und manchmal kann man die Einrichtungsgegenstände sogar käuflich erwerben.

Auch Karaokebars und Singlekneipen sind eine Form der Inszenierung – hier steht der Gast im Mittelpunkt der Inszenierung und wird selbst zum Star.

Andere Anbieter erscheinen da fast bieder, wenn sie vor allem ihre Speisen in Szene setzen oder ihre Hotelsuiten in Richtung des perfekten Hideaway trimmen. Sie sind deshalb nicht weniger erfolgreich.

# 1.7 Thema und Zielsetzung

**Beispiel**

1996 wurde in Paris die berühmte »Buddha Bar« gegründet. Mehr als zehn Jahre später wird das Konzept nun auch in andere europäische Städte exportiert. Den Auftakt dazu macht Wien, wo jetzt am Lugeck das »Little Buddha« eröffnet wurde. Dunkles Holz, rote Wände, gedämpftes Licht, asiatische Designelemente – und ziemlich viele Buddha-Statuen. Das Interieur des neuen Gastro-Tempels in der Wiener City birgt keine großen Überraschungen, wirkt aber durchaus schlicht und stilvoll. Die große Fensterfront des sich über drei Etagen erstreckenden Lokals ist mit 160 Buddha-Figuren geschmückt. Im Eingangsbereich thront ein Buddha, der nicht wirklich als »little« bezeichnet werden kann: Er ist viereinhalb Meter hoch.
Die Wiener Buddha Bar ist in einem repräsentativen Altbau untergebracht und verfügt über eine Nutzfläche von 900 Quadratmetern und 250 Sitzplätze. Im Erdgeschoss befindet sich das große Restaurant, der erste Stock ist für eine Sushi-Bar reserviert. Im Keller warten Bar und Lounge auf Gäste. Dort werden jeden Abend Live-DJs für Musikuntermalung sorgen.

Auf den Teller kommt eine »echte Fusion-Küche«, wie Lokalchef John Lawson bei der Präsentation betonte. Einflüsse aus Kalifornien sollen darin ebenso zu finden sein wie Elemente der chinesischen oder thailändischen Küche. Edel wirken die Speisetische: Sie sind mit Bambusintarsien verziert und mit einer dunklen, transparenten Harzschicht überzogen.

Dass der Anspruch hoch ist, zeigt auch die Speisekarte: Das günstigste Hauptgericht kostet 18 Euro, dieser Betrag wird auch für acht Stück Sushi fällig. Ein kleines Bier kostet 4,50 Euro.

Betreiber des »Little Buddha« ist die »Medox Restaurant und Hotelbetriebsgesellschaft«, ein internationales Invest-Unternehmen mit Sitz in Dubai. Das Lokal ist ein Franchise-Unternehmen der Buddha Bar Paris, die von Raymond Visan gegründet wurde.

Weltweit gibt es inzwischen sechs große Buddha Bars, neben dem Betrieb in der französischen Hauptstadt finden sich diese in Beirut, Dubai, New York, Kairo und Sao Paulo. »Little Buddhas« werden derzeit in Sharm-El-Sheik, Hurghada und Las Vegas angeboten. Die Buddha-Expansion soll demnächst in Europa fortgesetzt werden, Lokale soll es etwa in München oder Bukarest geben.

Zum Konzern gehören auch Hotels und das Unternehmen »Buddha Bar Retail«, das Kleidung, Lifestyleartikel und die Buddha-Bar-CDs vertreibt. Auch ein Buddha-Bar-Spa gibt es in Frankreich – sowie ab 2009 auch in Wien, wie bekanntgegeben wurde.

Quelle: vienna.at, Januar 2008

Das Beispiel des Little Buddha lässt bereits die Intentionen erahnen, die mit einer Inszenierung vielfach verbunden werden:

- Es lassen sich leichter höhere Preise durchsetzen.
- Es wird zahlungskräftiges Publikum angezogen.
- Durch die Inszenierung ist die Wahrscheinlichkeit höher, Erwähnungen in der Presse zu erhalten.
- Mit einer durchgängigen Inszenierung können über Merchandising-Angebote zusätzliche Einnahmen erzielt werden.

**Gefahr: Inszenierung als Selbstzweck**

Doch ist dabei die Gefahr gegeben, dass die Inszenierung zum Selbstzweck verkommt und das Ziel verfehlt wird. Tatsächlich ist die zentrale Herausforderung, über die Inszenierung die potenziellen Gäste emotional zu erreichen und ihnen einen »dritten Ort« zu präsentieren, den diese gerne in ihrer Freizeit aufsuchen und ihn zu einem ihrer Hideaways erklären.

Dann, und nur dann, können über die Inszenierung auch monetäre und Marketing-Ziele erreicht werden. Wir werden im folgenden Kapitel sehen, warum vor der Konzeption einer Inszenierung und der damit einhergehenden Dramaturgie eine Untersuchung der Zielgruppeninteressen und der Wertewelten dieser Zielgruppen erfolgen muss.

Das Pferd muss daher von der anderen Seite aufgezäumt werden, nämlich aus der Sicht der Interessen und Bedürfnisse der Zielgruppe. Nur so lässt sich eine Inszenierung entwickeln, die Akzeptanz findet, glaubwürdig und authentisch wirkt und die durch ihre bindende und emotionalisierende Wirkung die zuvor skizzierten Ziele als sekundäre Ziele unterstützt.

*Was will die Zielgruppe?*

## Was oder wen in Szene setzen?

Um ein geeignetes Thema und eine erfolgversprechende Umsetzung der Inszenierung zu entwickeln, müssen Sie sich daher zunächst fragen, was und/oder wen Sie in Szene setzen wollen und mit welchem Ziel. So können Sie unter anderem in den Mittelpunkt der Inszenierung stellen:

- sich selbst als Anbieter
- Ihr Angebot
- Ihre Gäste
- den Ort der Inszenierung
- bestimmte Werte, die Ihnen und Ihren Gästen besonders wichtig sind
- ein besonderes Erleben (Event-Orientierung)

Die Möglichkeiten sind vielfältig. Aber letztlich ist die Vermittlung von Werten und gewünschten Emotionen immer Bestandteil erfolgreicher Inszenierungen.

## Wann, wie und wo?

Es ist auch nicht zwangsläufig so, dass Sie eine Inszenierung nun 365 Tage im Jahr mit Inbrunst verkörpern müssen. Vielmehr können Sie auch besondere Events, saisonbezogene Aktivitäten, Feiertage und vieles mehr zum Anlass einer (temporären) Inszenierung machen. So spezialisieren sich manche Restaurants in der Vorweihnachtszeit auf die Inszenierung von Weihnachtsfesten für Unternehmensbelegschaften. Andere haben Halloween für sich entdeckt, fokussieren sich auf Events wie die Fußball-Europameisterschaft, inszenieren sich auf Festivals, Weihnachtsmärkten, Food-Festivals und mehr. Wieder andere richten Hochzeiten und Geburtstagsgesellschaften aus – allerdings nicht ständig, sondern nur auf Nachfrage von Gästen. Manche Anbieter schaffen es, die Spargelwochen so hervorragend thematisch zu besetzen, dass sich Stammgäste schon das ganze Jahr auf die Spargelzeit freuen. Und wieder andere bieten sich als Seminarhotel oder Event-Organisator für Firmen an.

Temporäre Inszenierungen können auch wetterbedingt sein: Das Büfett an der Schipiste fällt im Sommer flach, Johann Lafers Heli-Picknick ist bei Regen wenig prickelnd, bei tollem Wetter aber ein einmaliges Erlebnis. Viele Restaurants nutzen am Abend eine aufwendigere Inszenierung als am Mittag, manche Hotels inszenieren sich rund um die Eröffnung der Ball- oder Opernsaison anders als im Rest des Jahres.

Auch bestimmt der Rahmen die Glaubwürdigkeit und Authentizität einer Inszenierung: Wenn Ihnen der Kellner in dem Wirtshaus, in das Sie bei Ihrer Wanderung eingekehrt sind, die Speisekarte mit weißen Handschuhen reicht, dann wissen Sie, dass entweder Sie hier falsch am Platz sind oder die Inszenierung ein wenig übertrieben ist.

Diese Beispiele zeigen, dass Fragen nach dem Zeitpunkt und der Zeitdauer der Inszenierung ebenso wie nach dem Ort ganz unterschiedlich beantwortet werden können. Und müssen: denn die jeweils zu erreichenden Zielgruppen und damit die zu befriedigenden Wünsche können sich erheblich unterscheiden.

**Beispiel**

**Valentinstag im Juwelenglanz: Das Zürcher Widder Hotel bietet ein glamouröses Special für »Goldfinger«**

Einen Hauch von Star-Appeal verheißt den Gästen das Valentins-Special des Zürcher Widder Hotels: Im exklusiven Rahmen des Juweliers Devon genießen sie eine Präsentation der neuesten Schmuck-Kollektion des Schweizer Nobelhauses, dessen Preziosen ausschließlich in der Boutique in dem Fünf-Sterne-Hotel erhältlich sind. Verliebten Paaren werden sich zauberhafte Anregungen bieten, um sich zu beweisen, wie kostbar man einander ist: Kollektionen namens »Feu d'Amour« oder »Bouquet des fleurs« passen perfekt zum Anlass. Der Schmuck und die Armbanduhren der Firma Devon sind reine Schweizer Handarbeit. Nur die hochwertigsten, natürlichen Diamanten und Perlen werden neben makellosen Edelsteinen, Gold und Platin verarbeitet.

Ein Schmuckstück ist das Widder Hotel selbst. Es entfaltet sich in neun historischen Wohnhäusern, deren einzigartiges Ambiente in behutsamer Restauration mit kostbaren zeitgenössischen Elementen kombiniert wurde. Die Schweizer Architektin Tilla Theus begegnete den Herausforderungen des Gebäude-Ensembles meisterhaft mit 49 individuell gestalteten Zimmern und Suiten. Originalstücke aus der Biedermeierzeit wurden mit raffinierten modernen Sitzmöbeln abgestimmt. Antike Malereien an den Wänden eines Zimmers weisen auf den ehemaligen Zunftsaal hin, andere zieren zarte Ranken aus der Renaissance. In dieses Interieur fügen sich kunstvoll moderne Design-Klassiker von Le Corbusier und Eileen Gray.

Im Valentins-Special sind außer der Schmuckpräsentation (und bis zu 10% Preisrabatt) folgende Leistungen enthalten: 1 Nacht im Doppelzimmer vom 14.–15.2., Champagnercocktail und Dinner für 2 Personen, Frühstück, Late-check-out bis 14 Uhr, Upgrade nach Verfügbarkeit und Garagenstellplatz.

Quelle: Pressemitteilung, presseportal.de

## Vermittelte Werte

Eng damit verbunden ist die Frage nach den Werten, die vermittelt, und damit auch nach den Emotionen, die im Gast geweckt werden sollen. Prinzipiell kann das Ziel lauten, einen entspannenden oder einen anregenden Ort zu schaffen. Dabei muss aber auch das Umfeld berücksichtigt werden: Im hektischen Gedränge des Weihnachtsmarktes ist eine Oase der Ruhe durchaus wünschenswert, muss aber anders inszeniert werden als ein Erlebnis oder ein Ort, zu dem die Gäste eigens anreisen.

Anregung und Entspannung können auch Hand in Hand gehen, wenn das Angebot zwar inspirierend wirkt und viele neue Eindrücke und Anregungen für die Freizeitgestaltung untertags mit sich bringt, das Hotelzimmer des Gastes aber trotzdem am Abend zum entspannenden Rückzugsort wird.

Das Thema der Wertewelten wird uns noch detaillierter beschäftigen.

## Thema und Dramaturgie

Ausgehend von diesen Überlegungen, die mit praktischen Rahmenparametern wie Zeit- und Budgetumfang, aber auch örtlichen Limitationen in Einklang gebracht werden müssen, kann ein Motiv, ein Thema für die Inszenierung gewählt werden. Dabei ist wichtig, dass die Zielgruppe die Anspielungen und Werte, die das »Szenenbild« verkörpern soll, auch korrekt entschlüsseln kann.

Motiv

Ist das Thema missverständlich, könnte die Inszenierung ihr Ziel verfehlen. So gibt es in Las Vegas vor dem Treasure Island allabendlich eine kostenlose, actiongeladene Show, bei der sich Seefahrer und Piraten einen packenden Kampf liefern und die Piraten zum Abschluss das Schiff der Seefahrer versenken. Ich habe mich immer gefragt, ob ich eigentlich ein Casino besuchen möchte, das raubende, aggressive Piraten als Helden feiert. Das dürfte auch dem Hotelmanagement aufgefallen sein: Vor einigen Jahren nämlich wurde die Show modernisiert: Aus den Piraten wurden attraktive Piratinnen, der Konflikt ist ein Kampf zwischen den Geschlechtern – das Schiff der Männer wird zwar noch immer versenkt, aber diese retten sich in die Arme der Piratinnen. Wenn sie jetzt gemeinsam die Piratenschätze im Casino auf den Kopf hauen und ich dabei auch meinen Spaß haben kann, kann ich mit dem Thema gut leben.

**Dramaturgie und Aktivität**

Das Beispiel der geschilderten Show zeigt aber auch, dass es mit einem statischen Motiv nicht getan ist: Es wird eine Dramaturgie benötigt, die dem Ganzen Leben einhaucht. Dabei geht es nicht nur um die Haupthandlung, sondern auch um die Teile der Dramaturgie, die den Gast handeln lassen – indem er sich beispielsweise etwas bestellt, Merchandising-Artikel kauft, das Casino betritt, den Anbieter im Freundeskreis weiterempfiehlt oder einen erneuten Besuch erwägt.

Damit ist der rote Faden aufgenommen, der uns durch die weiteren Kapitel dieses Buches begleiten wird:

### Ihr Erfolgspotenzial

Ziel ist es, Ideen für eine Inszenierung zu entwickeln, die auf das Interesse und das Wohlwollen der von uns adressierten Zielgruppe(n) trifft, und die Botschaft durch geschickte Dramaturgie und ein eingängiges Motiv so zu verpacken, dass die Gäste emotional angesprochen werden und den inszenierten Ort als einen dritten Ort wahrnehmen, an dem sie gerne ihre Freizeit verbringen, nicht auf den Cent und die Zeit schauen und auch Freunden und Bekannten gerne und mit Begeisterung von diesem Ort erzählen.

# Teil 2: Was erwartet der Gast?

*»I hear, I forget. I see, I remember.
I do, I understand.«*

*Afrikanisches Sprichwort*

Ob eine Inszenierung erfolgreich ist, hängt wesentlich davon ab, ob die Gäste sie verstehen, sie für glaubwürdig halten, für sich als relevant betrachten und dann wie geplant agieren.

Es kann aber auch passieren, dass eine Inszenierung von Ihrer Zielgruppe nicht verstanden oder nicht honoriert wird. Bauen Sie Ihre Inszenierung beispielsweise auf hierzulande bekannten Motiven der deutschen Märchen- und Sagenwelt auf, so kann es passieren, dass ausländische Gäste Ihr Setting zwar interessant finden, Ihrer Dramaturgie und Ihren Anspielungen jedoch nicht folgen können. Es werden also nicht die von Ihnen beabsichtigten Emotionen und Brain Scripts aufgerufen.

Aber nicht nur bei Gästen aus anderen Kulturkreisen ist Vorsicht angebracht:

**Wertewelten der Gäste**

- Eine Inszenierung für Jugendliche muss anders aussehen als eine für die Generation 55plus.
- Familien mit Kindern haben andere Prioritäten und Interessen als Alleinreisende.
- Wohlhabende Gäste aus der neuen Erbengeneration stellen andere Ansprüche an die Inszenierung als solche, die mit einem knappen Budget haushalten müssen.

Diese Liste ließe sich beliebig verlängern. In der Praxis gilt: Jede Zielgruppe hat ihre speziellen Interessen und Wertvorstellungen. Wollen Sie nun Ihr Angebot oder auch den Gast selbst optimal in Szene setzen, müssen Sie bei der Planung diese Interessen und Wertevorstellungen berücksichtigen und sie integrieren. Nur so ist sichergestellt, dass der Gast sich mit Ihrer Inszenierung identifizieren kann. Wer an den Erwartungen des Gastes »vorbei« insze-niert, kann sich den Aufwand gleich sparen.

Aber nicht jeder Gast ist gleich: Bevor Sie in die Planungsphase eintreten, müssen Sie sich daher überlegen, welche Interessen und Bedürfnisse Ihre Gäste haben und mit welchen Vorkenntnissen und Reaktionen Sie rechnen können.

Daher müssen Sie sicherstellen, dass die Gäste das Thema Ihrer Inszenierung überhaupt verstehen. Das hört sich zunächst banal an, ist es aber nicht. Denken Sie beispielsweise an ein Restaurant, das – aus guten Gründen – nur bestimmte Zutaten verwendet und damit eine Philosophie verfolgt. Entscheidend ist nun aber in erster Linie nicht, ob diese Philosophie dem Gast einen Mehrwert bringt, sondern ob er sie in kürzester Zeit in ihrer Bedeutung erfassen kann, ohne lange Texte zu lesen oder zunächst ein Seminar zum Thema Ernährungsberatung besuchen zu müssen.

**Verständlich**

**Glaubwürdig**

Auch muss Ihr Thema für die Gäste glaubwürdig und nachvollziehbar sein. Das bedeutet nicht, dass alles originalgetreu sein muss: Sie dürfen die Fantasie spielen lassen, übertreiben und »künstliche« Welten aufbauen, solange es die Gäste nicht stört und das zentrale Motiv dadurch nicht beschädigt wird. So ist in Las Vegas natürlich alles »künstlich« – ob Luxor-Pyramide, Eiffelturm, Hofbräuhaus, Canale Grande oder das New York New York: Die Gäste wissen, dass sie nicht im Original sind, und akzeptieren die Adaptionen. Künstliche Beleuchtung und gemalter Himmel sind hier ebenso üblich wie marmorne Säulen aus Kunststoff. Die weißen Tiger des Mirage und die Löwen im MGM sind aber natürlich ebenso echt wie der Unterhaltungsfaktor, der den Gästen in der künstlichen Umgebung geboten wird.

**An Ihren Zielen ausgerichtet**

Das Thema und die Inszenierung müssen zudem Ihr Ziel unterstützen. Es ist wenig gewonnen, wenn die Gäste der Inszenierung zwar Glauben schenken, ihr aber nichts abgewinnen können. Das kann auch passieren, wenn die Inszenierung zu wenig in den laufenden Geschäftsbetrieb eingebunden ist.

So kann es auch passieren, dass Ihre Gäste der Inszenierung skeptisch gegenüberstehen, wenn sie sie als überflüssig, aufgesetzt, zu pompös oder anderweitig übertrieben wahrnehmen. Wenn der Gast sich die Frage nach Aufwand und Kosten stellt, ist es zu spät: Dann wird er implizieren, dass es sein Geld ist, mit dem diese Show realisiert wurde – und dass sie den Zweck verfolgt, ihm noch mehr Geld aus der Tasche zu ziehen. Selbst wenn das prinzipiell für jedes Marketing-Event zutrifft, muss dieser Gedankengang beim Besucher unbedingt vermieden werden.

Also: Wer sind Ihre Gäste, welche Zielgruppen sind lukrativ und durch welche Interessen und Wertewelten zeichnen sie sich aus?

# 2.1 Unterschiedliche Zielgruppen, unterschiedliche Interessen

Wie bereits erwähnt, funktioniert eine Inszenierung nur dann, wenn der Gast sich in der inszenierten Welt wohlfühlt und ihr einen persönlichen Nutzen abgewinnt. Nur dann kann der »dritte Ort« seine Wirkung entfalten und Sie können Ihre Ziele erreichen.

Der erste Schritt ist daher eine genaue Analyse der Zielgruppen, ihrer Interessen und ihrer Wertewelten. Dabei spielen sowohl soziodemografische Merkmale, wie zum Beispiel Alter, Geschlecht, Familienstand, verfügbares Haushaltseinkommen, geografische Herkunft, als auch psychografische Merkmale, wie zum Beispiel Einstellungen und Werte mit dem daraus resultierenden Konsumverhalten, Vorlieben, Statusbewusstsein, Offenheit und ästhetisches Empfinden eine wichtige Rolle.

## 2.1.1 Zusammensetzung der Zielgruppen

Auf die Frage nach der angesprochenen Zielgruppe passiert es immer wieder, dass Anbieter diese nur sehr grob umreißen können. Vielfach herrscht die Meinung vor: »Wir bedienen gerne jeden Gast, der den Weg zu uns findet.« Eine solche Einstellung ist natürlich fatal, wenn es darum geht, das Angebot optimal auf die Bedürfnisse der Zielgruppe abzustimmen.

**»Alle« ist keine Zielgruppe**

Vergessen Sie niemals: Unterschiedliche Zielgruppen, unterschiedliche Interessen!

Als Anbieter haben Sie generell die Möglichkeit, das Pferd von zwei Seiten aufzuzäumen:

- Sie analysieren die Gäste, die bereits den Weg zu Ihnen finden. Erstellen Sie ein Profil der Gemeinsamkeiten und versuchen Sie herauszufinden, wie Sie Ihr Angebot auf die Interessen dieser Gäste noch besser zuschneiden können.
- Sie untersuchen Ihr Angebot daraufhin, für welche Zielgruppen es besonders geeignet ist und welchen Nutzen das Angebot für diese Zielgruppen stiften kann – selbst wenn Sie diese Zielgruppen bislang nicht erreichen.

Beide Varianten haben Vor- und Nachteile:

Im ersten Fall adressieren Sie Ihren bereits bestehenden Kundenkreis, eine aufwendige Repositionierung und Neukunden-Akquise ist somit nicht notwendig. Allerdings werden die Gäste Ihr optimiertes Angebot immer mit dem alten Zustand vergleichen. Das führt dazu, dass beispielsweise höhere Preise nur sehr begrenzt durchgesetzt werden können.

Im zweiten Fall ist es wesentlich einfacher, im Rahmen der Inszenierung neue Angebote zu entwickeln oder bestehende neu zu positionieren. Allerdings sind in diesem Fall die Marketingaufwendungen wesentlich höher. Und ob die intendierte Zielgruppe wirklich erreicht werden kann, lässt sich erst in der Praxis ermitteln.

Egal, für welche Variante Sie sich entscheiden: Um eine Analyse kommen Sie nicht herum!

**Analyse der Zielgruppen**

Für eine grundlegende Zielgruppenanalyse sind zunächst vier Kriterien von entscheidender Bedeutung:

- Alter der intendierten Gäste
- sozialer Status
- Herkunft
- Budgetrahmen

Schauen wir uns daher diese vier Kriterien einmal etwas genauer an.

## Alter und Geschlecht

Dass Zielgruppen in verschiedenen Altersstufen unterschiedliche Interessen haben und daher auch unterschiedliche Angebote wahrnehmen, ist keine wirklich bahnbrechende Erkenntnis. Die Marktforschung liefert hier eine ganze Reihe von Klassifizierungen, jeden Menschen – von der Wiege bis zur Bahre – in unterschiedliche Zielgruppensegmente einzuordnen. Und natürlich erwarten Sie nicht, dass Ihr Angebot gleich interessant für Jugendliche wie für Senioren ist.

**Gefühltes Alter**

Interessanter ist da schon, dass es gerade beim Thema Freizeitgestaltung weniger um das biologische, sondern um das gefühlte (geistige) Alter geht. Auch gibt es Angebote, die quer durch alle Altersschichten auf Interesse stoßen.

Das Durchschnittsalter Ihrer intendierten oder tatsächlich erreichten Zielgruppe ist daher nur *ein* Faktor, der zu einer besseren Positionierung des Angebotes beitragen kann.

Ebenso wie das Alter beeinflusst auch das Geschlecht die Interessen des Gastes und damit die gewünschte Form der Freizeitgestaltung. Auch wenn Angebote, die speziell auf Frauen oder Männer zugeschnitten sind, an Bedeutung verlieren, ist die Zusammensetzung der Gäste im Hinblick auf das Geschlecht für neue Interessenten ein wichtiges Kriterium, das darüber entscheidet, ob man sich in dieser Gruppe wohlfühlt oder nicht.

### Aufgabe

Untersuchen Sie die Alters- und Geschlechtsstruktur Ihrer Gäste und versuchen Sie, diese in verschiedene Zielgruppen zu unterteilen. Analysieren Sie auch, ob die Alters- und Geschlechtszusammensetzung im Tages-, Wochen-, Monats- oder Jahresverlauf deutlich variiert! Gibt es von der Tageszeit oder der Saison abhängige Besonderheiten? Was bedeutet das für Ihre Positionierung und die zu entwickelnde Inszenierung?

## Sozialer Status

Wichtiger noch als das Alter ist der soziale Status, der Ihre Zielgruppe oder Ihre Zielgruppen kennzeichnet. Dies hängt eng zusammen mit dem Konzept des dritten Ortes: Da der Ort der Freizeitgestaltung frei gewählt werden kann und häufig dazu benutzt wird, sich mit Freunden, Bekannten oder der Familie zu treffen, wird man jene Orte bevorzugen, an denen man »seinesgleichen« findet.

Unter »sozialer Status« versteht man dabei die Stellung, den Rang, das Prestige, die soziale Wertschätzung, die Autorität und Macht, die eine Person in der Gesellschaft innehat. An diese Position sind bestimmte Privilegien, Fähigkeiten, Rechte und Pflichten gebunden. Der soziale Status kann bezüglich verschiedener relevanter Merkmale unterschieden werden, wie Abstammung, Beruf, Einkommen, Bildung und Familienstand.

Nach dem sozialen Status können Sie beispielsweise unterscheiden:

- VIPs
- Familien mit Kindern
- allein reisende Frauen
- Studenten
- Führungskräfte in der Automobilindustrie
- kulturinteressierte Frauen mit höherem Bildungsabschluss

Gleich und Gleich

- die Professoren der nahegelegenen Universität
- Incoming-Touristen aus China

Diese Liste ist ganz bewusst »querbeet« – vielfach werden Sie es Ihren Gästen nicht unbedingt ansehen, zu welcher Gruppe sie gehören. Auch gibt es keine »wissenschaftlich korrekte« Einteilung, mit der Sie arbeiten müssen – es hängt von Ihnen ab, welche Kriterien Sie heranziehen. Dabei ist diese Untergliederung ohnehin nur ein Hilfsmittel, wie Sie in Kürze sehen werden.

## Herkunft

Interessant ist auch die Frage nach der Herkunft Ihrer Gäste: Schon die Frage, ob Ihre Gäste aus der näheren Region kommen oder einen längeren Anfahrtsweg in Kauf nehmen müssen, ist für die Inszenierung von Bedeutung.

Um überregional oder sogar international Interesse zu wecken, müssen das Angebot und die Inszenierung eine wesentlich stärkere Differenzierung und Alleinstellung aufweisen, als dies der Fall ist, wenn die Gäste aus dem direkten Einzugsgebiet stammen.

**Anreiseaufwand beeinflusst Erwartungen**

Aber auch die Frage nach der intendierten Verweildauer, dem veranschlagten Budget und der Erwartungshaltung unterscheidet sich je nach Herkunft der Gäste. Während Gäste mit weiter Anreise eine höhere Erwartungshaltung haben (zumindest, wenn sie extra für einen Besuch bei Ihnen anreisen) und bereit sind, mehr Zeit und Geld in diesen Besuch zu investieren, kann der regional ansässige Gast Ihr Haus wesentlich häufiger besuchen (Besuchsfrequenz) und leichter als Stammkunde gewonnen werden.

**Ausländische Gäste**

Die Frage nach der Herkunft der Gäste bezieht sich allerdings nicht nur auf den Anfahrtsweg und die Erwartungshaltung. Gerade bei ausländischen Gästen können zusätzliche Fragestellungen auftreten, die Ihre Inszenierung nachhaltig beeinflussen können:

- Stammt der Gast aus einem anderen **Kulturkreis**? Dies kann dazu führen, dass er bestimmte Motive und Anspielungen in Ihrer Inszenierung nicht zur Gänze verstehen kann.
- Spricht der Gast Ihre **Sprache** ausreichend gut? Gerade ausländische Gäste haben häufig nur einen begrenzten Wortschatz, wenn sie ein fremdes Land bereisen. Für Ihre Inszenierung ist daher zu fragen, inwieweit sprachliche Barrieren bestehen und wie diese aufgelöst werden können.

# Kulturelle Barrieren

Gäste aus anderen Kulturkreisen können bestimmte Brain Scripts gegebenenfalls nicht abrufen und verstehen bestimmte Symboliken, Bilder und Andeutungen, die in Ihrer Inszenierung verwendet werden sollen und für die Dramaturgie wichtig sind, nicht wie erhofft.

Schwierig wird es besonders dann, wenn in dem Kulturkreis, in dem der Gast beheimatet ist, bestimmte hier übliche Verhaltensformen gar nicht bekannt sind oder ihnen eine ganz andere Bedeutung zugemessen wird.

Natürlich können Sie nun nicht für jeden einzelnen Gast sicherstellen, dass alle kulturellen Barrieren ausgemerzt sind. Werden aber *regelmäßig* Gäste aus bestimmten Kulturkreisen zu Gast sein, so ist es wichtig, sich mit ihrer Kultur und ihrem Verständnis für die von Ihnen gewählten Motive auseinanderzusetzen.

*Kulturelle Barrieren abbauen*

# Sprachliche Barrieren

Sprachliche Hürden sind leichter zu überwinden als kulturelle. Viele Inszenierung setzen gar nicht voraus, dass der Gast die Sprache wirklich versteht. Dies ist beispielsweise bei Zirkusvorführungen zu sehen, die auch ohne Sprachverständnis die gewünschte Wirkung entfalten. Ebenso lassen sich Vergnügungsparks mit einem äußerst rudimentären Wortschatz genießen.

Im Bereich der Gastronomie sind die eigentlichen Angebote – Speisen und Getränke – unabhängig von sprachlichen Hürden zu genießen, allerdings macht unter Umständen das Verständnis der Karte und die Bestellung beim Personal ein Problem. Hier können mehrsprachige Menükarten oder spezielle Speisekarten in verschiedenen Sprachen Abhilfe schaffen. Auch Personal, das mehrere Sprachen spricht, kann eingesetzt werden, um sprachliche Barrieren zu umgehen.

### Aufgabe

Überlegen Sie, welche Teile Ihres Angebotes beziehungsweise Ihrer Inszenierung von einem speziellen Sprach- oder Kulturverständnis abhängig sind. Wie lässt sich diese Abhängigkeit reduzieren?

# Budgetrahmen

Versetzen Sie sich für einen Moment in die Situation eines Familienvaters mit drei schulpflichtigen Kindern zwischen sieben und fünfzehn Jahren: Geht es um die Frage der Gestaltung der Urlaubsreise in den nächsten großen Ferien, so werden Ihre Kinder eine Vielzahl von Wünschen an Sie herantragen. Die Entscheidung darüber, wie der Urlaub dann tatsächlich verbracht wird, wird allerdings nicht nur von den Interessen Ihrer Kinder und Ihren Wünschen als Eltern abhängig sein, sondern auch von praktischen Überlegungen wie Aufwand und Kosten.

**Kosten-Nutzen-Faktor**

Entscheidend dafür, ob der Gast ein bestimmtes Angebot annimmt, ist daher immer eine Kosten-Nutzen-Abwägung! Oder anders ausgedrückt: Es entscheidet die Frage, ob das Angebot in das zur Verfügung stehende Zeit- und Finanzbudget passt sowie eine hohe Attraktivität aufweist.

Wichtig ist daher, dass Ihr Angebot den zur Verfügung stehenden Budgetrahmen für Ihre Zielgruppe nicht sprengt. Dieses Budget ist limitiert durch

- die zur Verfügung stehenden **finanziellen Mittel** und
- die verfügbare **Zeit**.

Die limitierenden Budgetfaktoren schränken unter Umständen auch die Häufigkeit eines Besuches ein – selbst wenn das Angebot und die Inszenierung eine hohe Attraktivität aufweisen sollten. So sparen viele amerikanische Familien über Jahre dafür, sich mit ihren Kindern einen Besuch in Disneyworld leisten zu können.

**Zeitpunkt und Dauer**

Die Frage der verfügbaren Zeit in Relation zur für den Besuch benötigten Zeit ist ein weiterer Aspekt, der potenzielle Gäste vom Besuch abhalten kann. Dabei geht es nicht nur um die Zeitdauer, sondern auch um den Zeitpunkt! Aus diesem Grund haben viele Museen mittlerweile an einem oder mehreren Wochentagen länger geöffnet, um berufstätigen Besuchern, die untertags keine Zeit haben, den Besuch der Ausstellung trotzdem zu ermöglichen.

**Aufgabe**

Für Sie bedeutet dies, dass Sie die Hürden, die einem Besuch durch einen potenziellen Gast entgegenstehen, möglichst weit absenken müssen. Untersuchen Sie Ihr Angebot im Hinblick auf solche Hürden!

## 2.1.2 Interessen und Werte

Im vorstehenden Abschnitt wurde bereits kurz erwähnt, dass die Attraktivität eines Angebotes entscheidenden Einfluss darauf hat, ob es vom Gast wahrgenommen wird. Für Ihre Inszenierung bedeutet das, die zentrale Zielsetzung besteht darin, diese Attraktivität mittels des »In-Szene-Setzens« zu steigern.

Allerdings ist die Attraktivität kein absoluter Faktor, sondern ergibt sich grundsätzlich erst im Auge des Betrachters. Das wiederum bedeutet, dass ein Angebot für einen Gast völlig uninteressant sein kann, während das gleiche Angebot für einen anderen Gast besonders erstrebenswert erscheint. Diese unterschiedliche Bewertung ergibt sich aus unterschiedlichen Wertvorstellungen und Interessen, die die verschiedenen Personen leiten.

**Attraktivität liegt im Auge des Betrachters**

Können Sie Ihren Gästen ein besonderes Interesse oder bestimmte Hobbys sofort zuordnen, dann haben Sie einen Trumpf in der Hand. Wer ein Faible für die Südstaatenküche hat, wird ein neues Restaurant, das Cajun-Cuisine und den Mardi Gras inszeniert, gerne einmal besuchen – er wird die Inszenierung allerdings an seiner Vorstellungswelt messen. Und Fußballfans werden gerne in ein Themenhotel ziehen, das Zimmer bietet, die den eigenen Lieblingsverein thematisieren.

**Beispiel**

Im »Hard Days Night Hotel« in Liverpool können Fans der Pilzköpfe im ehrwürdigen Ambiente logieren und sich vor den Augen ihrer Idole sogar das Jawort geben. Nach Liverpool, der Heimatstadt der »Fab Four«, pilgern auch 38 Jahre nach der Auflösung der Beatles Touristen aus der ganzen Welt. Sie sind die Zielgruppe des »Hard Days Night Hotel«.
Die Location ist gut gewählt: Das Vier-Sterne-Hotel an der North-John-Street ist nur wenige Meter vom legendären Cavern Club entfernt, in dem die Beatles vor vier Jahrzehnten regelmäßig auftraten. Heute stehen dort wieder Musiker mit Pilzkopf-Frisuren auf der Bühne – junge Bands, die den Sound der Beatles am Leben erhalten. An optischen Erinnerungsstücken an die »Fab Four« mangelt es im »Hard Days Night Hotel« nicht: Am Hoteleingang begrüßen die vier ihre Gäste als Bronzestatuen, drinnen hängen die musikalischen Vermächtnisse der berühmten Boygroup als Notenblätter von der Decke. Plattencover und unzählige Fotos zieren die Wände in dem 110-Zimmer-Haus – zu sehen sind zudem Malereien und Zeichnungen der vier Musiker. Das Logo des Hotels, vier Punkte auf einem Gitter, stellt den markanten Auftakt-Gitarrenakkord des Songs »A Hard Days Night« dar.

> Wer nicht nur den Beatles auf ewig treu bleiben möchte, der kann seinem Partner sogar in der Hochzeitskapelle des Hotels offiziell und standesgemäß das Jawort geben. Stumme Trauzeugen sind Ringo, John, Paul und George samt Ehefrauen auf Fotos. Selbstverständlich sollen die Bandmitglieder den Hotelgast in die Träume begleiten: Die Pilzköpfe wachen in Form von Fotos über jedem Hotelbett.
> Quelle: Spiegel Online, Februar 2008

Allerdings hat man nicht immer das Glück, so einfach zu einem brauchbaren Motiv für die Inszenierung zu gelangen. Die unterschiedlichen Möglichkeiten, Ihre Zielgruppen zu segmentieren, sind dann als ein mögliches Hilfsmittel zu verstehen, um die Wertewelten Ihrer Gäste zu hinterfragen und zu entschlüsseln.

TNS Infratest hat ein Modell – das sogenannte Semiometrie-Modell – entwickelt, das es erlaubt, die folgenden **14 Wertefelder** zu differenzieren:

- familär
- sozial
- religiös
- materiell
- verträumt
- lustorientiert
- erlebnisorientiert
- kulturell
- rational
- kritisch
- dominant
- kämpferisch
- pflichtbewusst
- traditionsverbunden

Diese Wertefelder werden von den verschiedenen Zielgruppen unterschiedlich stark präferiert. Zu wissen, welche Werte für Ihre Zielgruppe(n) von besonderer Bedeutung sind, ist ein wichtiges Hilfsmittel zur Beurteilung verschiedener Inszenierungsvarianten.

**Tipp**

Umfangreiche weitere Informationen zum semiometrischen Ansatz finden Sie auf der Website von TNS Infratest: www.tns-infratest.com.

Allerdings sind die dominierenden semiotischen Wertefelder nur ein Aspekt bei der Ermittlung der Themen und Werte, die für Ihre Inszenierung wichtig sind. Diese Wertefelder lassen sich vor allem auf die Dramaturgie Ihrer Inszenierung anwenden.

Damit Sie auch die thematische Ausrichtung auf Ihre Gäste abstimmen können, müssen Sie zudem die konkreten Bedürfnisse ermitteln. Hinterfragt man allerdings, was den Gästen wirklich wichtig ist, so erhält man eine Unmenge von Antworten:

*Was ist Gästen wirklich wichtig?*

- Gäste mit vitalen Bedürfnissen (aufgrund von Behinderungen, Erkrankungen oder Allergien) erwarten in erster Linie, dass diese Basiserfordernisse erfüllt werden.
- Senioren hoffen gegebenenfalls auf unaufdringliche Unterstützung und Betreuung.
- Der Geschäftsmann, der in seiner Mittagspause einen Lunch einnehmen möchte, erwartet, dass er in 30 Minuten das Lokal wieder verlassen kann.
- Familien mit Kindern sind für eine Kinderbetreuung oder überhaupt ein auf Kinder ausgerichtetes Angebot dankbar.
- Der Wellness-Gast erwartet, dass sich sein Wohlbefinden steigert und er sich etwas Gutes tut.
- Der lebenslustige Single erhofft, eine gleichgesinnte potenzielle Partnerin kennen zu lernen.
- Der VIP erwartet Premiumbetreuung rund um die Uhr, Diskretion und Abschottung vor der Öffentlichkeit. Auch Sicherheit kann hier ein Grundbedürfnis sein.
- Der ausländische Gast benötigt mehrsprachiges Servicepersonal.

Diese Liste ließe sich endlos verlängern. Mal sind es zentrale Anforderung an das Kernprodukt, mal Servicevorteile, mal Zeit-, Kosten-, Qualitäts- oder Bequemlichkeitsvorteile. Vieles davon ist für die Inszenierung hilfreich, aber nur als Sekundärkriterium.

Aus diesem Grund müssen wir uns eher fragen, nach welchen übergreifenden Kriterien ein Gast den Besuch bewertet. Wie bereits an anderer Stelle erwähnt, ist es dabei unabdingbar, dass das

Kernprodukt tadellos ist und die Qualität des Services stimmt. Wir konzentrieren uns daher auf die ergänzenden Services und kleinen und größeren Aufmerksamkeiten, die eine Differenzierung begründen können.

Der Gast bewertet unbewusst zumindest die folgenden acht Kriterien, wobei sich sowohl die zur Bewertung herangezogenen Faktoren als auch die Gewichtung der Kriterien von Zielgruppe zu Zielgruppe stark unterscheiden:

**Acht Bewertungskriterien**

| | |
|---|---|
| **Convenience:** | der wahrgenommene Bequemlichkeitsgrad |
| **Value:** | der subjektive Wert des Angebotes |
| **Involvement:** | der Grad der Einbeziehung und Interaktion mit dem Gast |
| **Premiums:** | die subjektiv empfundene Exklusivität des Angebotes und der Behandlung |
| **Comfort:** | der Wohlfühl-Faktor |
| **Entertainment:** | der Unterhaltungsgrad |
| **Empowerment:** | die Grad der Befähigung des Gastes zu neuen Dingen |
| **Ambiance:** | das Ambiente |

Damit sind die zentralen Zielsetzungen zusammengefasst, die Ihre Inszenierung transportieren kann. Die einzelnen Faktoren schließen sich nicht aus, sondern können in einer Inszenierung kombiniert vorkommen – in unterschiedlicher Gewichtung.

**Ihr Erfolgspotenzial**

Mithilfe dieser acht Kriterien plus der 14 Wertefelder des semiometrischen Modells von TNS Infratest sind Sie in der Lage, jede Inszenierung auf den Wert zu überprüfen, den sie für Ihre Zielgruppe haben kann.

# 2.2 Gästeinteressen identifizieren

Da Sie nun die grundlegenden Wertefelder und Bewertungskriterien kennen, können Sie sich daranmachen, die spezifischen Interessen Ihrer Gäste zu eruieren und sie diesen Wertefeldern gegenüberzustellen. So sind Sie nicht nur in der Lage, vorhandene Inszenierungen auf ihren Beitrag zur jeweiligen Wertewelt hin zu untersuchen, sondern gezielt Inszenierungen und Dramaturgien zu entwickeln, die konkreten Interessen und nicht nur grundlegenden Wertewelten entsprechen.

Dazu brechen Sie die Segmentierung aus Kapitel 2.1 auf Ihre Gäste herunter. Diese müssen Sie dazu zunächst in Segmente unterteilen – konzentrieren Sie sich dabei vor allem auf die lukrativen Gästesegmente.

Ausgehend von allgemeinen Kriterien wie Alter, Geschlecht, Herkunft und verfügbares Budget sowie soziografische Merkmale können Sie zunächst aus den 14 Wertefeldern des Semiometrie-Modells diejenigen zuordnen, die für diese Zielgruppen besonders wichtig sind.

Als Nächstes versuchen Sie, die konkreten Bedürfnisse und Wünsche zu antizipieren, die diese Gruppen an die von ihnen präferierten dritten Ort richten. Faktisch haben alle Gäste neben den Grundbedürfnissen individuelle Anforderungen und Wünsche, deren Erfüllung darüber entscheidet, wie angenehm sie den Aufenthalt bei Ihnen empfinden.

Als Beispiele für unterschiedliche Zielgruppen können Sie beispielsweise unterscheiden:

- Gäste mit vitalen Bedürfnissen wie Sicherheit, Gesundheit, Familienfreundlichkeit
- Gäste mit Wunsch nach besonderer Betreuung
- Gäste »on budget«
- Gäste »in a hurry«
- Gäste auf der Suche nach Luxus und Premiumangeboten
- Gäste, die Bequemlichkeit und Entspannung suchen
- Gäste auf der Suche nach Erlebnis und Abenteuer
- Gäste, denen das Knüpfen neuer Kontakte besonders wichtig ist (Gesellschaft)
- Gäste mit dem Wunsch nach »Empowerment«
- Gäste, die individuelle Lösungen suchen
- Gäste, die der »Qual der Wahl« entkommen wollen
- Gäste mit Hang zum Voyeurismus (»Blick hinter die Kulissen«)
- Gäste auf der Suche nach Unterhaltung und Fun
- Gäste auf der Suche nach Edutainment
- Gäste auf der Suche nach Selbstreflexion
- Gäste, denen an Wellness besonders gelegen ist

- Gäste, für die ökologisch korrektes Handeln besonders wichtig ist (Weltverbesserung)
- Gäste mit dem Bedürfnis nach Selbstverwirklichung

Mit dem Ergebnis dieser Untersuchung, die sie durch Befragungen verifizieren und unterstützen können, haben Sie eine klare Vorstellung der konkreten Interessen, die die Zielgruppe leiten. Diese sollten sich im Leitbild Ihrer Inszenierung widerspiegeln.

### Beispiel

Weltverbesserung: Unter diesem Schlagwort kann man alle Aktivitäten und Ziele subsummieren, die Personen mit der Absicht verfolgen, etwas Gutes zu tun und die Welt oder die Gesellschaft zu verbessern.

So fallen unter diese Kategorie Sabbaticals und Urlaube, in denen die betreffende Person ehrenamtlich als Entwicklungshelfer oder Sozialarbeiter tätig wird, ebenso wie das Leben als Vegetarier mit dem Ziel, Massentierhaltung zu boykottieren. Aber auch die gezielte Nutzung von Ökostrom, der Verzicht auf bestimmte Industrieprodukte und/oder Luxusgegenstände, die unentgeltliche Arbeit für soziale Einrichtungen und vieles andere mehr kann Ausdruck einer Lebensweise sein, die diesem Wertefeld zugeordnet werden kann.

Das Leitmotiv ist in vielen Fällen der Bereich Nachhaltigkeit und Ökologie. Dabei muss die gewählte Lebensweise nicht allgemein als »ökologisch wertvoll« anerkannt sein und das Engagement muss auch nicht umfassend und dauerhaft sein. Es gibt sogar viele Personen, die diesem Wertefeld zuzuordnen sich, die aber keine klare Ausrichtung ihres eigenen Lebenswandels im Hinblick auf diese Werte erkennen lassen. Trotzdem ist es diesem Personenkreis vielfach wichtig, keine Anbieter zu unterstützen, die diesen Werten entgegenstehen.

Für Hotellerie und Gastronomie sind hier besonders die Themen Ökologie, nachhaltiges, ressourcenschonendes Wirtschaften und die bewusste Auswahl von Produkten und Lieferanten (häufig mit starkem regionalem Bezug zur Vermeidung langer Transportwege) wichtige Aspekte, um diese Zielgruppe zu adressieren. Sie bieten sich an, als Teil der Inszenierung aufgegriffen zu werden. Dies kann beispielsweise dadurch geschehen, dass im Eingangsbereich gut sichtbar Herkunftszertifikate der Zulieferer aushängen, die Speisekarte auf der ersten oder letzten Seite das Thema Herkunft, Ökologie und Nachhaltigkeit aufgreift, bei bestimmten Gerichten die Lieferanten mit ihrer Lage und ihren Gütesiegeln erwähnt werden, Exkursionen zu Zulieferbetrieben angeboten werden u.v.m.

**Aufgabe**

Entwickeln Sie analog zum Beispiel »Weltverbesserung« für die beispielhaft genannten konkreten Gästeinteressen Ideen, wie diese in Ihrer Inszenierung umgesetzt und verstärkt werden können.

# 2.3 Mehrwert bieten

Sie haben nun vier Ebenen der Segmentierung, die die Grundlage für Ihre Ausrichtung der zu entwickelnden Inszenierung und Dramaturgie bilden:

- allgemeine soziografische Klassifizierungsmerkmale
- semiometrische Wertefelder
- Bewertungskriterien und
- konkrete Gästeinteressen

Diese bilden die Grundlage für die weitergehende, häufig unbewusst stattfindende Bewertung der Inszenierung durch den Gast. Dazu gehören:

- **Emotionale Berührung:** Bewegt die Inszenierung den Gast, weckt sie Emotionen? Wird die Dramaturgie nicht optimal gestaltet, so kann auch eine generell auf die Interessen der Gäste zugeschnittene Inszenierung farblos bleiben; es wird keine bleibende Erinnerung geschaffen.

- **Relevanz:** Die unterschiedlichen Interessen und Werte konkurrieren miteinander, der Gast hat nicht nur ein einziges motivierendes Interesse. Unter Umständen kann eine Inszenierung zwar auf das Interesse des Gastes treffen, aber in der Bedeutung hinsichtlich der Rangfolge in der Wertewelt als untergeordnet eingestuft werden. Ziel ist es daher, der Inszenierung Relevanz und Nachdruck zu verleihen.

- **Erlebnischarakter:** Für den Gast muss Ihre Inszenierung zum Erlebnis werden. Gelingt dies, so baut er eine emotionale Bindung zum Erlebten, aber damit auch zu Ihnen als Anbieter und zu Ihren Angeboten auf. Die Grundlage dafür sind emotionale Highlights.

- **Glaubwürdigkeit und Authentizität:** Die Stimmigkeit des Gesamtkonzepts entscheidet im Auge Ihres Gastes häufig darüber, ob Ihre Inszenierung den gewünschten Erfolg hat.

Dabei kann es passieren, dass der Gast dem Anbieter die Inszenierung nicht abnimmt oder sie für übertrieben hält. Dies kann auch dann passieren, wenn hinsichtlich der Relevanz zu stark versucht wird, Aspekte mit Nachdruck zu betonen.

Schreibt der Gast Ihrer Inszenierung diese Faktoren zu, so sind Sie auf dem besten Weg. Und Ihrer Konkurrenz in vielen Fällen bereits um Längen voraus.

Brüche,
Widersprüche,
Versäumnisse

Denn in vielen Fällen fehlt ein wirklich durchgehendes Konzept und der Anbieter nutzt die Inszenierung dazu, nicht einen dritten Ort für seine Gäste zu schaffen, sondern ein überzogenes Schauspiel, das allein die eigenen Angebote im besten Licht zu präsentieren versucht: Dann erkennt der Gast zwar vielleicht das Thema und das dahinterliegende Versprechen, aber das Gesamterlebnis wird durch Brüche, Widersprüche und Versäumnisse getrübt. Fast jeder hat schon einmal eine solche Erfahrung gemacht, bei der das Versprechen oberflächlich betrachtet zwar erfüllt war, aber z.B. durch die Unfreundlichkeit des Personals, durch schlechte Detaillösungen oder kleine Versäumnisse stark getrübt wurde. In solchen Fällen ist die Stimmigkeit nicht gegeben, die Glaubwürdigkeit der gesamten Inszenierung leidet.

In vielen Fällen ist einer von vier Gründen dafür verantwortlich, dass eine an sich schlüssige Inszenierung derart beschädigt wird:

- Bei der **Konzeption** wird zu wenig Wert auf Details und die Wünsche und Wertewelten der Gäste gelegt.
- Das **Personal** ist nicht vorbereitet, schlecht qualifiziert oder überarbeitet.
- Im **Vorfeld** wurden falsche oder überzogene Erwartungen beim Gast geweckt.
- Der Anbieter **übertreibt** es mit der Selbstbeweihräucherung.

Doch auch, wenn alles stimmt, bewertet der Gast unbewusst noch mehr als die benannten Faktoren. Die Inszenierung sollte daher auch Mehrwert bieten – vor allem gefragt sind Involvement und Nachhaltigkeit.

## Involvement

Mittendrin statt nur dabei: Je stärker der Gast im Rahmen der Inszenierung miteinbezogen wird und nicht nur passiver Zuschauer ist, umso stärker seine Identifikation mit dem Erlebten. Im Idealfall sollte die Einbeziehung dabei alle fünf Sinne umfassen und dem Gast zusätzlich interaktive Eingriffsmöglichkeiten bieten.

Ein gutes Beispiel für eine solche Inszenierung sind die Disney-Parks. Hier stellt sich der Gast sein eigenes Besuchsprogramm zusammen, hat also große Wahlmöglichkeiten (Interaktion) und erlebt den Tag hautnah mit allen Sinnen, wird auf Achterbahnen durchgeschüttelt, nimmt fremdartige Gerüche auf und vieles andere mehr.

Im Vergleich dazu ist eine typische Theateraufführung oder eine Literaturlesung ein eher passives Erlebnis; die Einbeziehung und Involviertheit des Zuschauers ist nur in Teilen gegeben. Die Folge davon ist, dass für viele Menschen der Besuch eines Disney-Parks eine bleibendere Erinnerung beschert als der Besuch einer typischen Theateraufführung.

Dies bedeutet für Sie, dass Sie dramaturgische Wege finden sollten, um Ihre Gäste möglichst stark in das Geschehen einzubeziehen. Hier hat das Gastgewerbe von Natur aus Vorteile beispielsweise gegenüber dem Theater, denn in Restaurants, Bars und sogar im Hotel ist es durchaus üblich, als Gast aus einem vorgegebenen Angebotsspektrum eine bestimmte Auswahl zu treffen (grundlegend Interaktion) und Speisen und Getränke mit allen Sinnen (Geschmack, Geruch, Optik und gegebenenfalls Haptik und Akustik) zu genießen.

## Nachhaltigkeit

Auch gibt es immer wieder Erlebnisse, die vom Betrachter zwar als stimmig wahrgenommen werden und an denen er nichts auszusetzen hat, die aber trotzdem bei ihm keinen bleibenden Eindruck hinterlassen – selbst wenn das Involvement auf den ersten Blick gegeben ist.

Das passiert überall: Der Besuch in der Karaoke-Bar ist zwar nett, aber es bleibt nichts zurück außer der Erinnerung an den Abend. Erst, wenn der Gast hier auch neue Kontakte knüpft oder Freunde trifft, kommt der Aspekt Nachhaltigkeit hinzu: Ein wiederholter Besuch wird wahrscheinlicher.

## WAF/MAF

Hinsichtlich der Akzeptanz von Inszenierungen durch unterschiedliche Zielgruppen kann zudem der Woman Acceptance Factor (WAF) betrachtet werden. Hierbei handelt es sich um den Akzeptanzgrad für typische männliche Freizeitgestaltungen durch den Partner oder generell weibliche Zielgruppen. Ursprünglich stammt der Begriff aus dem Bereich elektronischer Gadgets wie PCs, Notebooks, PDAs, Handys oder MP3-Player. Hier haben sich in den vergangenen Jahren einige Anbieter wie Apple, Asus oder Nokia darauf konzentriert, Produkte aus diesen Segmenten zu entwickeln, die einen hohen WAF aufweisen, in Design und Ausgestaltung also das weibliche Zielpublikum verstärkt ansprechen, indem Farben, Formen und Funktionalitäten speziell auf Frauen ausgerichtet werden (ein Notebook mit Lederbezug in Pink sei hier nur als besonders plakatives Beispiel erwähnt).

Dies kann auf Inszenierungen übertragen werden, da auch hier bestimmte Inszenierungen (z.B. Sport-Events oder LAN-Partys) vor allem ein männliches Publikum ansprechen, andere eher ein weibliches Publikum erreichen. Ziel der Steigerung des WAF bzw. alternativ des Man Acceptance Factor (MAF) ist es dann, die jeweilige Inszenierung so zu gestalten, dass sie auch auf das jeweils andere Geschlecht einen Reiz ausübt.

Die gezielte Beeinflussung des WAF/MAF für Inszenierungen im Bereich Gastronomie und Tourismus ist noch nicht weit verbreitet. Das Konzept findet sich allerdings bereits in einem anderen Bereich: der Konzeption von Einzelhandels-Inszenierungen. Auch hier geht es um die Gestaltung des dritten Ortes, wobei der Einzelhandel darunter leidet, dass Männer das gemeinsame Einkaufen häufig mehr als Belastung denn als angenehme Freizeitgestaltung empfinden. Gelingt es, Shopping-Inszenierungen mit einem höheren MAF auszustatten, dann erhöht sich damit auch die voraussichtliche Verweildauer und die Besuchsfrequenz, gegebenenfalls verändert sich auch das Einkaufsverhalten. Diese Überlegungen lassen sich auf gastgewerbliche und touristische Inszenierungen übertragen.

# 2.4 Handlungsimpulse setzen und die Inszenierung aktuell halten

Um den Gast nicht nur zu berühren, sondern auch zu aktivieren, ist es schließlich wichtig, dass die Inszenierung es schafft, Handlungsimpulse zu setzen. Es nützt wenig, wenn Sie vom Gast zwar mit Wohlwollen bedacht werden, sich Ihre Ziele aber nicht erfüllen.

Die Inszenierung kann verschiedene Elemente als Reizauslöser nutzen und muss die Handlungsaufforderung nicht unbedingt explizit aussprechen:

- **Triebe:** Beispielsweise kann durch Exklusivität und Limitierung ein Kaufimpuls erzeugt werden, der auf der Angst vor der vergänglichen Verfügbarkeit beruht. Auch andere Impulse können genutzt werden, z.B. über Rabatte für den nächsten Besuch oder die Aktivierung des Abenteuertriebs.

- **Soziale Signale:** Sie kennen das Prinzip, dass alle das Glas heben, wenn jemand in einer Gruppe damit anfängt. Ganz ähnlich ist es bei der Bestellung im Restaurant, bei der der Erste, der eine Suppe oder einen Beilagensalat bestellt, eine ganze Bestell-Lawine auslösen kann. Gruppendynamik und Spiegelverhalten sind psychologische Grundlagen für dieses Verhalten, das durch die Dramaturgie forciert werden kann.

- **Ästhetische Signale:** Schon durch die Präsentation und die Darbietung von Speisen und Getränken kann ein Handlungsimpuls erzeugt werden. Denken Sie beispielsweise an ein exotisches Büfett oder an die Inszenierung des Barkeepers, der die Zubereitung der Cocktails zur Show werden lässt.

Im Rahmen der Platzierung des Handlungsimpulses in der dramaturgischen Handlung ist es wichtig, parallel den Nutzen für den Gast zu unterstreichen. So kann er den emotional begründeten Handlungsimpuls für sich mit einer rationalen Begründung unterfüttern, um sich selbst zu beruhigen. Ein Beispiel wäre, dass die Inszenierung ihn dazu verleitet, statt des eigentlich geplanten Schnitzels Wiener Art das echte Wiener Schnitzel vom Kalb zu bestellen und ihm durch die Dramaturgie suggeriert wird, dass das verwendete Kalbfleisch aus biologischer Haltung und mit Herkunftsnachweis gesünder und politisch korrekter ist als die Alternative aus Schweinefleisch.

*Den Nutzen für den Gast unterstreichen*

Der Gast erwartet allerdings auch, dass die Inszenierung up to date ist. Ansonsten wird er sich der Handlungsaufforderung und damit den Zielen der Inszenierung widersetzen. Daher ist es wichtig, die Inszenierung ständig auf Aktualität zu überprüfen und auf neue Entwicklungen und Trends zu reagieren. Das nachfolgende Beispiel zeigt, wie sonst die Inszenierung an Wert verlieren kann. Auf das Thema Optimierung gehen wir in Kapitel 6 gesondert ein.

### Beispiel

#### Die Inszenierung eines Heißgetränks

In den vergangenen Jahren haben Starbucks, Nero, Balzac Coffee und andere der Welt gezeigt, dass Filterkaffee nicht der Weisheit letzter Schluss sein muss. Das Ganze war gut inszeniert: Insbesondere Vorreiter Starbucks hat gezeigt, dass man den Gästen einimpfen kann, ein speziell ausgebildeter Barista mit besonderer Kenntnis, speziellem Equipment und hochwertigen Zutaten sei am Werk, um abgestandenem Bürokaffee den Kampf anzusagen. Abgerundet wird das Ganze durch die »Uniformen« der Angestellten, den modischen Namen für mehr oder weniger kreative Kaffeekompositionen, das Zelebrieren des Expertentums, indem die Mitarbeiter eine abgehobene, nur Eingeweihten verständliche Kommunikation untereinander nutzen, und durch die Unterstützung des Themas durch Einrichtung und Zusatzangebote.

Das Modell war so erfolgreich, dass es weltweit kopiert wurde. Mittlerweile aber sinkt der Stern der »Barista«: Starbucks muss unrentable Standorte schließen, der Markt hat seine Boomphase überschritten. Hierfür sind verschiedene Faktoren mitverantwortlich, die die Attraktivität der Angebote in den Augen der Gäste in Frage stellen, so unter anderem:

- Es gibt zu viele Anbieter, zu viele Barista, als dass sich dahinter häufig mehr als auf die Schnelle angelernte Billigkräfte verbergen könnten.

- Die Flut der konkurrierenden Anbieter (mit sehr unterschiedlicher Qualität) untergräbt das ursprüngliche Alleinstellungsmerkmal des Angebotes, seine Exklusivität. Damit geraten auch die Preise unter Druck.

- Die verfügbare Technik hat sich im Laufe der Jahre verändert, so dass erschwingliche Espressomaschinen und Pad-Systeme dem potenziellen Gast auch zu Hause oder im Büro den Genuss von Kaffeespezialitäten ermöglichen – der grauenvolle, abgestandene Filterkaffee von früher ist daher nicht mehr der Vergleichsmaßstab für die Angebote.

Das Beispiel zeigt, wie sich erfolgreich eine Inszenierung rund um ein relativ banales Produkt aufbauen lässt, aber auch, wie diese Inszenierung an Attraktivität verlieren kann, wenn sie nicht laufend an die Entwicklungen und die Erfahrung des potenziellen Gastes angepasst wird.

# Teil 3: Die Kreativarbeit: Von der Idee zum Konzept

Nachdem Sie nun ein Gespür dafür entwickelt haben, welche Werte und Interessen Ihre Gäste leiten und nach welchen Kriterien Inszenierungen (gegebenenfalls unbewusst) bewertet werden, können Sie sich daranmachen, ein Konzept für Ihre ganz eigene, individuelle Inszenierung zu entwickeln.

Hier gilt es, die richtige Balance zu finden zwischen dem, was die Gäste interessiert und was sie erwarten, auf der einen Seite und Ihren Zielen und Themen auf der anderen. Nicht der Gast diktiert das Thema und den Ablauf, sondern Sie selbst. Und Sie sind es auch, der die Dramaturgie festlegt. Allerdings wird dabei häufig der Fehler gemacht, quasi »am Gast vorbei« zu inszenieren. Damit Ihnen das nicht passiert, haben Sie im vorangegangenen Kapitel zunächst die Sicht der Gäste kennen gelernt und übertragen diese Erkenntnisse nun auf Ihr Thema und Ihre Inszenierung.

*Thema, Dramaturgie, Spannungsbogen*

## 3.1 Sie brauchen eine Idee

Die Erlebnisgastronomie und mittlerweile auch -hotellerie erlebt seit Jahren einen Boom. Die richtige Idee für eine passende, von den Gästen akzeptierte und als wertvoll empfundene Inszenierung zu finden ist jedoch gar nicht so einfach.

Vorreiter im Bereich des Erlebnistourismus waren Lokale und Hotels, die aus ihrer Lage Kapital zu schlagen suchten: »schöne Aussicht«, Museumscafé, Restaurant am See, sonstige spezielle Locations.

Doch nicht jeder hat die perfekte Aussicht vor der Haustür oder kann sich des nahegelegenen touristischen Ausflugsziels rühmen.

Hinzu kommt, dass diese Faktoren kein echtes Alleinstellungsmerkmal bieten: Der Konkurrent ein paar hundert Meter weiter kann sich vielleicht des gleichen Merkmals rühmen. Die Entwicklung und die Zukunft solcher »natürlicher« Anziehungspunkte liegen zudem vielfach nicht im direkten Einflussbereich des Anbieters (z.B. Schneesicherheit). Steht irgendwann ein Standortwechsel an, so ist auch das Merkmal passé.

Außerdem muss berücksichtigt werden, dass solche Merkmale nur an einer beschränkten Zahl von Standorten überhaupt zur Verfügung stehen und dazu noch stark vom regionalen Standortmarketing abhängig sind. Daher liegt es nahe, andere, interne Faktoren zur Steigerung der eigenen Attraktivität aufzubauen, die

- im eigenen Einflussbereich liegen,
- nur schwer von Wettbewerbern kopiert werden können,
- standortunabhängig sind und
- auf andere Standorte übertragen werden können.

Im Bereich Hotellerie erfolgt die Differenzierung heute häufig durch Premiumangebote in Richtung des Luxussegments und Budgetangebote auf der anderen Seite. Im Trend liegen zudem Themenhotels, Hotels für bestimmte Zielgruppen und Resorts. Im Bereich Gastronomie ist die Spezialisierung auf ein eng umrissenes, als exotisch oder exklusiv empfundenes Angebotssortiment eine Möglichkeit, sich von der Masse der Anbieter abzuheben. Solche Spezialisierungen können eine hervorragende Grundlage für eine Inszenierung liefern.

Die Vorreiter der Spitzen-Erlebnisgastronomie wie Witzigmann und Wodarz haben die Verbindung zwischen kulinarischen Genüssen und artistischen Darbietungen gesucht – auch heute ein immer wieder eingesetztes Konzept.

### Ihr Erfolgspotenzial

Vielleicht hat Ihr Haus eine lange Tradition, über die Sie das Thema Reputation für sich reklamieren können. Oder Sie zeichnen sich durch eine besondere Zielgruppenorientierung, ein pfiffiges Angebot oder besonderen Service aus. Stehen Sie für ein bestimmtes Thema, eine Region oder eine Denkrichtung? Steht Entspannung oder Abenteuer an erster Stelle? Bieten Sie eher ein Angebot, das für Selbsterfahrung und Selbstreflexion steht oder für Gemeinschaftserleben und das Schließen neuer Kontakte?

Selbst eine Currywurst-Bude kann sich gekonnt in Szene setzen: Gefragt sind dann Superlative, mit denen geworben werden kann und die die jeweilige Zielgruppe beeindrucken oder herausfordern. Im Bereich der Currywurst wird so bei unterschiedlichen Anbietern die »größte Currywurst«, die »schärfste Currywurst« oder auch die »Luxus-Currywurst« (mit Blattgold-Auflage und einem Glas Champagner). Dabei liefert die Ausgestaltung des Produktes und seine Präsentation gegenüber dem Gast nur eine erste Idee für eine umfassende Inszenierung.

### Aufgabe

Sie müssen sich daher auch fragen, welche Werte Sie selbst mit Ihrem Angebot verkörpern. Schauen Sie noch einmal in die Wertefelder und Interessensbereiche, die im vorigen Kapitel für eine Segmentierung der Gäste herangezogen wurden: Wofür stehen Sie mit Ihrem Angebot? Sind Sie eher traditionell oder avantgardistisch, bieten Sie Sicherheit, Entertainment oder Erholung? Erarbeiten Sie sich »Ihr« Profil – und entwickeln Sie daraus die Felder und Themen, die die Inszenierung transportieren soll.

Bei der Idee, dem Aufhänger für die eigentliche Inszenierung, geht es um die Entwicklung eines **USP** (engl. unique selling proposition) – also eines Alleinstellungsmerkmals oder eines veritablen Kundenvorteils, mit dem sich Ihr Angebot deutlich vom Wettbewerb abhebt und das Sie durch die Inszenierung kommunizieren und vertiefen wollen.

*Alleinstellungsmerkmal*

## 3.2 Von der Idee zum Thema der Inszenierung

Haben Sie einen Aufhänger gefunden? Dann geht es darum, diese Idee weiter auszubauen und zu einem strukturgebenden Rahmen für Ihre Inszenierung zu machen.

Eine gelungene Inszenierung ist wie ein großes Puzzle: Nur wenn alle Einzelteile perfekt ineinandergreifen, entsteht beim Betrachter – Ihrem Gast – der perfekte Gesamteindruck!

*Der Gesamteindruck zählt*

Der Weg von der Idee zum Thema entspricht der Suche nach den Puzzleteilen mit den Ecken des Puzzles, anschließend folgt die Verbindung dieser Ecken mit den Randsteinen zu einem festen Rahmen, in dem Ihre Inszenierung später erfolgen soll.

## 3.2.1 Anlass und Zielsetzung

Ein wichtiger Grundbaustein ist die Frage nach dem Anlass der Inszenierung. Denkbar sind viele Anlässe, zum Beispiel:

- Neuausrichtung, Thematisierung neuer Angebote
- Konkurrenz: bessere Differenzierung
- Timing: Feiertage, Saison, Teilnahme an Events
- Firmenhistorie
- gesellschaftlich relevantes Thema (Öko)
- gefordert von Gästen, Markttrend (Wellness)
- Sendungsbewusstsein: Information des Gastes, Education
- Neugründung: Bekanntheit steigern, Ruf aufbauen

**Anlass und Ziel ist nicht dasselbe!**

Eng verknüpft mit dem Anlass ist das Ziel, das Sie verfolgen. Das geht bereits aus der vorstehenden Aufstellung hervor. Aber verwechseln Sie beide nicht und werfen Sie sie nicht in einen Topf. Der Anlass ist der für den Gast sichtbare Grund für die Inszenierung, das Ziel Ihre interne Motivation, die Sie dem Gast in der Regel aber nicht mitteilen:

- zu vermittelndes Image
- Umsatz- und Ertragsrelevanz
- Auswirkung auf Besuchshäufigkeit
- Steigerung der Bekanntheit
- Verbesserung der Weiterempfehlungsquote

Dies sind jedoch nur grobe Themen für Ihre Zielsetzung. Die konkreten Zielvorgaben müssen Sie selbst erarbeiten – ausgehend von Ihrer bestehenden Geschäftsposition und unter Berücksichtigung des Machbaren.

## 3.2.2 Was oder wer steht im Mittelpunkt der Inszenierung?

Prinzipiell haben Sie im Rahmen der Inszenierung die Möglichkeit, auf verschiedenen Ebenen zu agieren und den Bezugspunkt und die Perspektive dementsprechend zu wählen. Einfach ausgedrückt geht es dabei um die Frage, was oder wer im Mittelpunkt Ihrer Inszenierung steht. Für gastgewerbliche Zwecke bieten sich hier vor allem folgende Varianten an:

- Angebot/Produkt
- Anbieter

- Lage
- Gast
- (Erlebnis)

Beachten Sie, dass ich den letzten Punkt in Klammern gesetzt habe: Wie bereits mehrfach erwähnt lebt die Inszenierung von ihrem Erlebnis-Charakter. Das Erlebnis ist also immer Teil der Inszenierung, egal, wer oder was im Mittelpunkt steht. Wird das Erlebnis selbst zum Mittelpunkt, dann wird die Inszenierung zum Selbstzweck: Ich inszeniere, weil die Inszenierung so schön ist. Das kann kurzfristig funktionieren, ist aber kein erfolgversprechendes Modell, um Ihr bestehendes Unternehmen voranzubringen.

*Erlebnis ist immer Teil der Inszenierung*

Doch Vorsicht: Sich auf eine zentrale Perspektive festzulegen bedeutet nicht, dass die anderen Faktoren vernachlässigt werden können. Eine gute Inszenierung wird immer alle Elemente berücksichtigen – die Fokussierung auf einen Schwerpunkt ist aber notwendig, damit die Dramaturgie einen roten Faden aufweist und der Gast sich im Gemenge der Eindrücke nicht verloren fühlt.

## 3.2.3 Der Ort der Inszenierung

Geht es um Inszenierungen für Hotellerie und Gastronomie, dann scheint für viele Anbieter automatisch festzustehen, dass diese Inszenierung in ihrem Haus ablaufen muss. Das ist allerdings zu kurz gedacht: In vielen Fällen kann gerade eine Inszenierung außer Haus ein wertvolles Marketinginstrument sein.

Denken Sie nur an die Stände großer Anbieter auf der ITB oder auf kleineren Tourismusbörsen: Hier schaffen es Destinationen zum Teil hervorragend, sich in Szene zu setzen und den Wunsch nach einem Besuch vor Ort zu wecken. Aber auch viele andere Schauplätze sind geeignet, das eigene Können auf fremdem Terrain zu präsentieren oder das eigene Angebot nach draußen zu tragen und die Reichweite zu vergrößern.

Ein Beispiel ist das Gastronomie-Spektakel »Taste of London«, auf dem sich unter anderem über 40 der Top-Restaurants der britischen Hauptstadt präsentieren und speziell konzipierte Speisen vor Ort zubereiten. Allen teilnehmenden Restaurants stehen die gleichen Zelte für Zubereitung, Inszenierung und Verkauf der Speisen zur Verfügung. Diese müssen zudem in vorgegebene Preisstufen fallen, da nicht mit Bargeld bezahlt wird, sondern mit »Crowns« genannten Gutscheinen, die der Veranstalter ausgibt. Das Festival kostet Eintritt, ist auf wenige Tage beschränkt und an den Veranstaltungstagen jeweils mittags und abends für einige Stunden für das Publikum geöffnet. Veranstalter von Taste of London ist die Fernsehstation Channel 4, die mit den Taste-Festivals im Sommer durch verschiedene Städte tourt, wobei die teilnehmenden Restaurants jeweils aus dem Einzugsgebiet des Veranstaltungsortes stammen. Neben London gibt es so auch Taste of Edinburgh, Taste of Leeds, Taste of Dublin, Taste of Bath und Taste of Birmingham.

Eine besondere Herausforderung stellt dabei das Wetter dar: Da es sich bei Taste of London um ein Outdoor-Festival handelt, bei dem die organisatorischen Rahmenbedingungen zudem vom Veranstalter diktiert werden und für alle teilnehmenden Restaurants gleich sind, kommt es auf eine gute Planung der Inszenierung besonders an, denn diese muss auch funktionieren, wenn das Wetter rasch wechselt.

Eine solche Inszenierung auf fremdem Terrain ist natürlich anderen Rahmenbedingungen unterworfen als im eigenen Haus. Die Inszenierung muss diese Besonderheiten berücksichtigen und gegebenenfalls Logistik, Präsentation, Dramaturgie und Gesamtkonzeption auf den jeweiligen Ort abstimmen. Von der Ausstattung über den verfügbaren Platz bis hin zu Rahmenprogramm und technischer Ausstattung und dem zu erwartenden Zielpublikum können sich die Inszenierungsorte grundlegend unterscheiden.

Dabei lautet die Unterscheidung aber nicht nur eigenes versus fremdes Terrain: Von dieser Fragestellung getrennt zu behandeln ist auch die Frage danach, ob es sich um eine Indoor- oder Outdoor-Inszenierung (oder eine Kombination daraus) handelt.

Die Frage »Drinnen oder draußen?« adressiert naturgemäß in erster Linie wetterbedingte und klimatische Besonderheiten: Outdoor-Veranstaltungen können bei Regen oder Kälte buchstäblich ins Wasser fallen, wenn die Inszenierung für diesen Fall keine Alternativen eingeplant hat. Aber auch andere Faktoren sind davon betroffen:

- So können für Veranstaltungen unter freiem Himmel vom Gesetzgeber oder den Ordnungsbehörden **Beschränkungen** z.B. hinsichtlich Lautstärke, Zeitpunkt und Zeitdauer oder auch Veranstaltungsort auferlegt werden.
- Der **Zugang** zu dem Veranstaltungsort ist leichter zu kontrollieren, wenn das Event in geschlossenen Räumlichkeiten stattfindet. Soll sichergestellt werden, dass nur geladene Gäste oder solche, die Eintrittsgeld bezahlt haben, Zugang erhalten, so muss bei einer Outdoor-Veranstaltung vielfach mit Absperrungen und Sicherheitspersonal gearbeitet werden. Und auch die Kontrolle des Gästeverhaltens sowie der Technik ist in geschlossenen Räumlichkeiten leichter.

■ Andererseits sind gerade Indoor-Veranstaltungen nur schlecht **skalierbar**. Das bedeutet, dass Sie in einem Raum nicht plötzlich 50 Gäste mehr unterbringen können, weil der Ansturm heute besonders groß ist: Bei Überfüllung leidet die gesamte Wahrnehmung, die Enge beschädigt die Inszenierung, obwohl sie eigentlich damit nichts zu tun hat. Aber auch der umgekehrte Fall ist denkbar: Wenn sich in Ihr perfekt in Szene gesetztes Restaurant nur zehn Gäste verirren und die restlichen Tische leer bleiben, beeinflusst auch das die Wahrnehmung durch die vorhandenen Gäste. Bei Outdoor-Events lässt sich vielfach leichter kaschieren, dass die Nachfrage wesentlich höher oder geringer war als ursprünglich erwartet.

Diese Liste ließe sich deutlich verlängern. Sie soll aber vor allem exemplarisch aufzeigen, dass der Veranstaltungsort für jede Inszenierung bewusst gewählt werden muss und sich aus dieser Wahl auch besondere Anforderungen für Inszenierung und Dramaturgie ergeben.

## 3.2.4 Dauerhaft oder zeitweilig?

Nicht jede Inszenierung muss für die Ewigkeit gedacht sein: Vielleicht wollen Sie sich zur Spargelsaison, während der Fußballmeisterschaft, zum chinesischen Neujahrsfest oder am bislang umsatzschwachen Dienstagabend in Szene setzen? Auch kann es sein, dass eine Inszenierung speziell für einen Gast konzipiert wird – sei es die private Hochzeits- oder Geburtstagsfeier, das Firmenjubiläum oder die Jahrestagung des Weltverbandes der Fahrradkuriere.

Ob eine Inszenierung dauerhaft oder temporär ist, ob sie gegebenenfalls jederzeit reproduzierbar sein muss oder ein einmaliges Event bleibt, hat auch Auswirkungen auf die Planung und Umsetzung. Das zeigt sich beispielsweise bei Messeauftritten, bei denen es darauf ankommt, dass die »Bühne« rasch auf- und wieder abgebaut ist, die benötigten Hilfsmittel und die Technik transportabel sein müssen usw.

Bei einer dauerhaften, stationären Installation zählen ganz andere Faktoren, es bestehen aber auch ganz andere Möglichkeiten für Inszenierung und Dramaturgie.

## 3.2.5 Thema und Botschaft

Nun folgen Überlegungen zum Thema der Inszenierung. Bislang haben Sie eine Idee entwickelt, nun skizzieren Sie quasi die ersten Konturen für das Bühnenbild. Dabei legt das Thema noch nicht die zu erzählende Story fest, sondern gibt eben nur den thematischen Rahmen vor.

Es gibt zahlreiche Grundthemen – Emotionen –, die dem Gast vermittelt werden können. Sie kommen in der Werbung für Markenprodukte ebenso zum Einsatz wie im Eventmarketing. Beispiele sind:

- Exklusivität
- Individualität
- Freiheit
- Abenteuer
- Gesundheit
- Wellness
- Natur
- Ökologie
- Gutes tun
- Sich etwas gönnen (Luxus)
- internationaler Flair (Weltoffenheit, Exotik)
- just do it: Grenzen überwinden, Macht
- Sicherheit
- Chancen/Glück

Bei genauerer Betrachtung werden Ihnen Parallelen zu den Wertefeldern aus Kapitel 2 auffallen. Dies ist nicht zufällig so!

**Grundthema und Kernbotschaft**

Eng verknüpft mit dem Grundthema ist die Kernbotschaft, die die Inszenierung vermitteln soll. Sie transportiert die Werte, die hinter der Inszenierung stehen.

**Nicht unüberlegt abkupfern**

Auch wenn die grundlegenden Themen sich wiederholen, ist die Story, die im Rahmen der Inszenierung aufgebaut und erzählt wird, immer eine andere. Sie ist speziell auf den Anbieter, das Angebot oder sogar auf den Gast zugeschnitten. Hüten Sie sich daher davor, einfach Ideen abzukupfern: Der Gast wird feststellen, dass Brüche und Inkonsistenzen bestehen, auch wenn er sie vielleicht nicht benennen kann.

# 3.3 Überlegungen zum Publikum

Gut. Nun haben Sie einen groben Rahmen für die Inszenierung, wissen, wohin Sie wollen und welche Werte für Sie wichtig sind. Nun besteht die nächste Aufgabe darin, diese Vorstellungen und Zielsetzungen mit den in Kapitel 2 ermittelten Werten und Interessen der Zielgruppe abzustimmen.

Sie müssen also aus den Erkenntnissen über die Zielgruppe und hier insbesondere Werte, besondere Interessen und Einschränkungen sowie zur Verfügung stehender Budget- und Zeitrahmen (ebenfalls gästeseitig) harte Limits für Ihre Inszenierung entwickeln.

Grenzen Ihrer Inszenierung

Im Einzelfall kann das dann so aussehen:

- **Zielgruppe:** Eltern mit Kindern unter sechs Jahren – keine zu spektakulären Effekte, Grundmotiv auch für kleinere Kinder verständlich (Brain Scripts)

- **Zeitbudget:** Aufmerksamkeitsspanne der Kinder max. 30 bis 60 Minuten – in diesem Zeitraum muss die Inszenierung zum Höhepunkt gekommen sein.

- **Werte:** Sicherheit, Edutainment – die Eltern wollen ihre Kinder in Sicherheit wissen, auch wenn diese z.B. am Veranstaltungsort herumlaufen; die Kinder sollen bei der Inszenierung einen Lerneffekt mitnehmen.

- **Kosten:** indirekte Refinanzierung – Eintrittsgelder halten die Zielgruppe vom Besuch ab, da bei zwei Erwachsenen und zwei Kindern bereits eine erhebliche Vorleistung zu erbringen wäre; die Inszenierung muss sich durch moderat höhere Kosten für Speisen und Getränke oder Unterkunft und eine höhere Konsumation refinanzieren.

Dieses Beispiel ist natürlich fiktiv. Es ist wichtig, dass Sie für Ihre Situation und Ihre Zielgruppen solche Kriterien aufstellen, die seitens des Gastes an den Besuch der Inszenierung gestellt werden.

# 3.4 Motiv & Motto: Vermittelte Welt und Emotionalisierung

Nun spielen alle bislang getätigten Überlegungen zusammen:

- Ihr Ziel
- der Anlass
- die Teilnehmer mit ihren Erwartungen, Werten und Zielen
- der zeitliche, örtliche und auch finanzielle Rahmen
- die Grundidee und das Basisthema

**Drehbücher im Kopf**

Diese Parameter berücksichtigend müssen Sie sich nun auf Motiv und Motto für Ihre Inszenierung festlegen. Hierbei spielen Brain Scripts eine große Rolle: Ihre Inszenierung kann das Thema aus zeitlichen und organisatorischen Gründen nie komplett und ultra-realistisch abbilden. Vielmehr soll die Inszenierung beim Gast bewirken, dass dieser Lücken ausfüllt, das Erlebte weiterspinnt, Schlüsse zieht und mit eigenen Erinnerungen kombiniert, um so in die Handlung einbezogen zu werden.

Sie kennen das vom Western: Mann auf Pferd mit weißem Cowboyhut reitet von links hinten ins Bild. Umschnitt: Ein Gebüsch, darin auf der rechten Seite für den Zuschauer zu erkennen ein schlecht rasierter Cowboy mit schwarzem Hut und Gewehr, das nach links gerichtet ist. – Das reicht schon, damit Ihr Gehirn anfängt, die Geschichte ablaufen zu lassen: Weißer Hut – Held. Schwarzer Hut, unrasiert, Gewehr – Feind. Konfrontation ist unausweichlich, das Böse ist im Vorteil … aber da wir in den ersten fünf Minuten des Films sind, wird der Gute es wohl überleben. Wie stellt er das wohl an?

Was da passiert, ist das Aktivieren von gespeicherten Brain Scripts und Erinnerungen. Es ist sogar klar, mit wem sich der Zuschauer eher identifizieren wird, selbst wenn er nichts über die Akteure weiß.

**Reizsignale aussenden**

Ihre Inszenierung muss Ähnliches schaffen: Sie muss Reizsignale verwenden, die vom Gast nicht nur leicht identifiziert werden können, sondern die als Symbole bestimmte Brain Scripts aktivieren, so dass sich der Gast Gedanken macht und die Szene weiterdenkt.

Allerdings besteht die Kunst darin, Motiv und Motto so zu wählen, dass die eingesetzten Symbole, Verhaltensmuster und Schlüsselreize von allen aus der Zielgruppe leicht dekodiert werden können und das Motiv auf so viel Interesse stößt, dass die Story weitergesponnen wird. Hier liegt auch der Grund dafür, dass der kulturelle Background der Gäste von besonderer Bedeutung ist.

Motive können Sie überall finden: Sie können Ihre Gäste in der Zeit vor und zurück versetzen, sie an ferne Orte beamen, Motive aus der Werbung aufgreifen, auf Sagen- und Märchenwelten zurückgreifen und so weiter. Das gewählte Motiv bestimmt quasi das Aussehen Ihres »Bühnenbildes« und der Requisiten. Das Motiv für unsere kleine Filmszene war natürlich der Wilde Westen. Das können wir jetzt beliebig ausschmücken: Nevada, ca. 1870, es regiert das Recht des Stärkeren …

Zudem brauchen Sie ein Motto für Ihren Handlungsstrang – das Motto, unter dem die Dramaturgie steht. Auch hier gibt es unendlich viele Möglichkeiten, angefangen vom Hans-im-Glück-Motiv bis zum Kampf Mann gegen Mann wie in unserem Western oder den Geschichten aus Tausendundeiner Nacht. Selbst Szenen aus dem Alten Testament sind geeignet, entsprechende Leitideen zu liefern, wie der Kampf David gegen Goliath. Welches Motto Sie für Ihre Inszenierung auch auswählen: Es geht nicht darum, die bekannte Story einfach nachzuerzählen, sondern sie als bekanntes Handlungsmuster auf Ihre eigene Story zu übertragen!

**Tipp**

### Nehmen Sie sich nicht zu ernst!

In Las Vegas kämpfen Piraten, brechen regelmäßig Vulkane aus, wird man zu Ritterturnieren geladen und man beschließt den Abend nach einer Gondelfahrt in Venedig bei einer Mass Bier im »Original Bavarian Hofbräuhaus«. Alles künstlich, alles Fassade, nichts davon ist »real«.

Trotzdem gefällt es den Gästen, sich in dieser Umgebung mitten in der Wüste durch Scheinwelten zu bewegen. Dazu gehört aber auch, dass man sich nicht zu erst nimmt. Natürlich muss die Grundsubstanz stimmen – schlechte Produkte werden auch durch Inszenierung nicht besser. Aber den Besuchern ist durchaus bewusst, dass sie sich in einer Scheinwelt befinden. Hier dürfen also Marmorsäulen auch mal aus Plastik sein.

Haben Sie ein Thema herausgearbeitet, so stellt sich die Frage, wie Sie dieses Thema mit Emotionen aufladen können. Erinnern Sie sich: Wenn es Ihnen nicht gelingt, den Gast emotional zu berühren, dann wird das Ergebnis der Inszenierung nicht optimal sein.

Wichtig ist zudem, dass für den Gast erkennbar ist, was das gewählte Motto mit dem Anbieter zu tun hat. Dabei kann es sich um einen unmittelbaren Bezug handeln (eigenes Erleben, »Berufung« des Gründers, Herkunft ...), um umfeld- bzw. lagebezogene Besonderheiten (schöne Aussicht, regionale Angebote ...), um einen direkten Bezug zum Gast (Hochzeit, Geburtstag, Firmenfeier ...) oder um frei gewählte Motive, die einzig aus Gründen der Unterhaltung oder Information gewählt wurden (Krimi-Dinner, Literaturlesung ...).

## Was, wenn ich kein Thema für mein Hotel/Restaurant/... finde?

Häufig ergibt sich schon durch die thematische Spezialisierung, Zielgruppenfokussierung, Lage oder die Historie eine geeignete Story:

- Wellness-Hotel
- Radwander-Hotel
- Unterkunft für Sportfischer, Mountainbiker, Bergsteiger ...
- Ferien auf dem Bauernhof
- Fusion-Asia-Cuisine
- Nobel-Italiener
- Familienrestaurant/-hotel
- Szene-Gastronomie

Sollte das noch nicht helfen, dann lassen Sie sich von anderen Inszenierungen –durchaus auch aus anderen Branchen – anregen, die sich an ähnliche Zielgruppen richten wie Sie.

*Inszenierung begrenzen*

Haben Sie Angst, durch die Inszenierung bestimmte Zielgruppen abzuschrecken oder auszugrenzen, so können Sie die Inszenierung zeitlich begrenzen, beispielsweise nur auf die Mittagsstunden, nur samstags oder nur auf die umsatzschwache Zeit im Sommer.

# 3.5 Die Rolle des Gastes

Ziel Ihrer Inszenierung ist es, den Gast in eine andere Welt abtauchen zu lassen – für eine begrenzte Zeit während seines Besuches bei Ihnen. Je kompletter dieses Abtauchen gelingt, umso erfolgreicher die Inszenierung. Bei Cluburlauben und Kreuzfahrtreisen kann dieses Abtauchen auch über mehrere Wochen erfolgen, der

Inszenierungsort ist dabei weitgehend in sich geschlossen, so dass der Alltag »draußen« bleibt.

Zum Erfolg gehört aber auch die Festlegung der Rolle, die der Gast in der Inszenierung einnimmt. Sie kann

- **passiv** sein und den Gast zum Zuschauer machen (»Aufführung«, Literaturabend …),
- **aktiv** sein und ihn als Teilnehmer in das Geschehen einbinden (Bierseminar, Weinakademie, Karaoke-Abend …).

Je mehr Berührungspunkte der Gast mit dem gewählten Thema und Motiv hat und umso stärker er in das Geschehen selbst einbezogen ist, umso nachhaltiger die Wirkung der Inszenierung auf ihn.

Ziel ist es, den Gast einzubeziehen und ihn aus der passiven Zuschauerrolle herauszulösen. Durch **Einbeziehung und Involvement** wird die Bindung an das Erlebte und den Anbieter enorm gestärkt. Beispiele für eine solche Einbeziehung sind:

*Nachhaltige Wirkung*

- Kochkurse
- Themenabende mit Tasting
- Übernachtung in ungewöhnlicher Umgebung wie Themenräumen, im Kornfeld oder in der Blockhütte
- die aktive Übernahme einer (Neben-)Rolle in einer Aufführung, beispielsweise einem Krimi-Dinner (wobei der Gast hier nicht nur die Rolle übernehmen kann, das Rätsel zu lösen, sondern z.B. auch als Zeuge für das inszenierte Verbrechen herangezogen werden kann)
- aktive Teilnahme an einer Umfrage zu dem gewählten Thema, die den Gast in die Situation versetzt, seine eigene Meinung dazu zu hinterfragen
- Backstage-Angebote: den Gast hinter die Kulissen schauen lassen

Ziel ist es, die Gäste durch Interaktion zu Beteiligten zu machen. Im Kapitel 5 werden wir dieses Thema noch einmal aufgreifen, wenn es darum geht, was man von Zauberkünstlern für die eigene Inszenierung lernen kann.

# 3.6 Storyline: Die dramaturgischen Eckpfeiler

Damit sind Sie so weit, die Idee und das Motiv zu einer glaubwürdigen Story auszuarbeiten. Grundsätzlich sollte sich jede Inszenierung bemühen, eine Geschichte zu erzählen (Storytelling) und nicht dabei stehen bleiben, ein Motiv zu entwickeln und dann dieses Motiv zu präsentieren. Leider gehen diesen Schritt viele nicht bei ihren Inszenierungsversuchen: Der schön dekorierte Teller oder der Hinweis auf 100 Jahre »Wellness« im Hotel am See sind keine Erlebnisse, sondern bleiben die Handlung und damit die Dramaturgie schuldig. Erst wenn um diese Inszenierungselemente herum eine Geschichte konzipiert wird, kann der Gast die Botschaft selbst erfahren – ansonsten wird sie nur passiv präsentiert. Die Story hat immer eine zeitliche Komponente, einen Ablauf.

**Schlüsselszenen festlegen**

Vielleicht kennen Sie grafische Repräsentationen des Ablaufs, wie sie beim Film genutzt werden. Sie werden Storyline oder Storyboard genannt und umfassen die Schlüsselszenen der Inszenierung. Das Storyboard legt damit die dramaturgischen Eckpfeiler der Handlung fest. Ein solches Storyboard können Sie sich ein wenig wie einen Comic vorstellen, der auf die entscheidenden Schlüsselszenen reduziert ist. Es reicht aber auch aus, die Storyline in Textform niederzuschreiben.

**Schlüsselszenen überprüfen**

Vergessen Sie dabei nicht, alle Schlüsselszenen immer wieder daraufhin zu überprüfen, inwieweit sie Ihre Ziele unterstützen!

## Mit allen Sinnen

Die Inszenierung muss emotionalisieren, unter Umständen sogar polarisieren, um ihre Wirkung zu entfalten. Das bedeutet auch, dass das Storyboard dafür Sorge zu tragen hat, dass der Gast das Event mit allen Sinnen erleben kann:

- **audiovisuell:** also mit Augen und Ohren (Bildsprache, Geräusche, Musik ...)
- **haptisch:** mit dem Tastsinn (Objekte sind angreifbar, ertastbar und werden so als real empfunden)
- **olfaktorisch:** mit dem Geruchssinn (Gerüche transportieren Welten und lösen starke Emotionen aus: frisches Brot, Kaffee, Orient ...)
- **geschmacklich:** mit dem Geschmackssinn (Speisen und Getränke enthalten Aromen, die mit Erinnerungen und Vorstellungswelten verknüpft sind)

Ein entscheidender Vorteil gastronomischer Inszenierungen liegt darin, dass durch die natürliche Einbeziehung des letzten Punktes, des Geschmacksempfindens, tatsächlich alle Sinne abgedeckt werden können. Viele Inszenierungen in allen Branchen und Bereichen bleiben bei der audiovisuellen Codierung der Story stehen und nutzen nicht das volle Potenzial aus.

# 3.7 Spannungsbogen und Handlungsablauf

Um ganz ehrlich zu sein, haben wir in den vorangegangenen Abschnitten ein paar vereinfachende Darstellungen verwendet. Tatsächlich besteht das Setting für eine umfassende Inszenierung aus ein paar Elementen mehr, als ich sie bislang vorgestellt habe. Insgesamt unterteilt man in:

- **Thema**
- **Charaktere** (wobei hier noch weiter nach Haupt- und Nebencharakteren, nach Protagonist, Antagonist etc. sowie nach den Charaktereigenschaften und handlungstreibenden Werten unterschieden wird)
- **Struktur** der Handlung
- **Dynamik** (also die handlungstreibenden Elemente)
- **Plot** (der Spannungsbogen und der Höhepunkt der Handlung)
- (und gegebenenfalls Typus der Inszenierung)

Es dürfte Ihnen allerdings jetzt leichtfallen, unsere bisherigen Überlegungen diesen Feldern zuzuordnen.

Auch bei der Storyline kann man weiter differenzieren, da die Inszenierung auf verschiedenen Ebenen beschrieben werden kann – so beispielsweise als objektiver Handlungsablauf (so haben wir den Begriff Storyline bislang genutzt), aus der Sicht des Hauptcharakters, aus der Sicht des Zuschauers, bei dem bestimmte Emotionen geweckt und Handlungsimpulse ausgelöst werden, usw. Aus Platzgründen werden wir allerdings bei unserer vereinfachten Darstellung bleiben, schließlich geht es uns um vergleichsweise einfache Inszenierungen und nicht um die Konzeption des nächsten Hollywood-Blockbusters.

Was uns nun noch fehlt, sind Überlegungen zur eigentlichen Handlung – zum Spannungsbogen und zum Plot unserer Inszenierung. Legen wir also los …

# 3.7.1 Ablaufplanung

Allerdings: An dieser Stelle passiert bei unserer speziellen Inszenierungsart etwas Besonderes! Würden wir einen Film inszenieren, dann würden wir jetzt einfach mit dem Anfang anfangen und quasi mitten in die Handlung springen.

**Inszenierung fängt bei der Anreise an**

Eine Inszenierung in Gastronomie, Hotellerie oder Tourismus fängt jedoch dort an, wo der Gast anreist und zum ersten Mal unser Haus (oder irgendeinen anderen Inszenierungsort) betritt! Das bedeutet, unsere Dramaturgie muss den Gast in unser Thema einführen, ihn durch die Inszenierung leiten und schließlich wieder in den Alltag herausführen.

## Einführen des Gastes in das Thema

Bei einer guten Inszenierung betritt der Gast »eine andere Welt«. Er muss daher von seiner Alltagswelt in die inszenierte Welt übergeführt werden; dabei verändert sich auch seine eigene Rolle. Im Rahmen dieser Überführung, die beginnt, sobald er den Veranstaltungsort erreicht (und nicht erst, wenn er ihn schon betreten hat!), muss er schrittweise, aber gezielt und umfassend in das Thema eingeführt werden.

**Beispiel**

Excalibur Hotel & Casino in Las Vegas: Hier ist schon die Architektur von Weitem auffällig: Den Besucher erwartet eine weiße Burg, von der er zunächst die Türme und Zinnen wahrnimmt. Er betritt den Ort über eine Zugbrücke durch das Burgtor und wandert – genauer: wird per Laufband transportiert, was dem Ablauf eine Unvermeidlichkeit verleiht – vorbei an einem Burgteich, in dem ein Drache seinen Kampf ausficht. In der Burg angekommen wird er von einer Ritterstatue empfangen …

Natürlich muss es nicht so aufwendig sein. Das Beispiel zeigt aber sehr plastisch, wie man den Gast in eine andere Welt und eine andere Zeit überführen und abtauchen lassen kann. Wenn Ihr Budget es nicht hergibt, für Ihr asiatisches Restaurant einen kompletten buddhistischen Tempel aus dem Boden zu stampfen (oder die Baubehörden etwas dagegen haben), dann geht es aber auch mit wesentlich weniger Brimborium:

Vor der Tür geht der Gast durch ein Spalier von mannshohen Bambusinstallationen. An der Tür asiatische Schriftzeichen. Im Eingangsbereich wird er durch leise fernöstliche Klänge begrüßt, es duftet exotisch … vielleicht nach Zitronengras? An die Wände werden moderne asiatische Fotos projiziert. Am Ende des Übergangsbereiches wird der Gast von einer Mitarbeiterin empfangen, deren Bekleidung einen leichten asiatischen Einschlag zeigt. An der Wand gegenüber überblickt eine überdimensionale Buddha-Statue die Szene, leise plätschert Wasser im Hintergrund, ein stilisierter Zen-Garten zieht die Aufmerksamkeit auf sich. (Und selbst hier können Sie die Videoprojektoren noch immer durch ein paar großformatige Bilder ersetzen, für das plätschernde Wasser reicht auch ein (schöner, nicht zu kitschiger) Zierbrunnen und den Zen-Garten kriegen Sie mit ein wenig Sand, ein paar Steinen und einer Absperrung aus dem Baumarkt schnell hin.)

Der Eingangsbereich hat die Funktion einer Schleuse, die den Gast aus seinem Alltag heraus und hinein in eine fremde Welt transportiert. Die Schleuse sorgt dafür, dass der Alltag »draußen« bleibt und dem Gast bewusst wird, dass er eine andere Welt betritt. Auf die Funktion dieser Schleusen gehen wir im folgenden Kapitel noch ein.

**Schleusen-funktion**

Visualisieren Sie Ihre Inszenierung also von dem Moment an, in dem der Gast vor dem Ort des Geschehens eintrifft:

- Was ist sein **erster Eindruck**?
- Wie wird der **Übergang** aus der Alltagswelt in die inszenierte Welt vollzogen, was erwartet den Gast dort als Erstes?
- Wie läuft die **Eingewöhnungsphase** ab?

In der Regel werden Sie hier unter anderem festlegen, wie der Gast begrüßt wird, wie er seinen Platz im Rahmen der Inszenierung findet (beispielsweise einen Tisch oder ein Hotelzimmer zugewiesen bekommt), ob er auf dem Weg dorthin begleitet wird (und von wem), welche Zusatzinformationen er erhält, um sich in der Inszenierung zurechtzufinden und eine kognitive Landkarte zu entwickeln, usw.

## Haupthandlung oder: Die eigentliche Inszenierung

Sie legen fest, wo dieses Vorspiel endet und wann die Hauptinszenierung beginnt. Jetzt kommt Ihr Storyboard oder Ihre Storyline zum Tragen, die Sie zuvor entwickelt haben.

Legen Sie auch hier alle Schlüsselelemente und Schlüsselszenen fest – dazu gehört insbesondere auch, an welchen Stellen der Gast selbst aktiv werden soll und in das Geschehen eingreift.

Ihre Inszenierung wird hier langsam auf ihren Höhepunkt zulaufen, wobei z.B. bei einem mehrtägigen Hotelaufenthalt auch mehrere Höhepunkte denkbar sind oder aber eine Tiefenentspannung während des gesamten Aufenthalts angestrebt werden kann.

## Ausleiten und Verabschieden des Gastes

Genauso wichtig wie die »Einleitung« des Gastes in die inszenierte Welt ist die Ausleitung des Gastes und die Überführung zurück in den Alltag. Im Rahmen dieser Phase sollte die Inszenierung nochmals versuchen, den Gast zu aktivieren, beispielsweise gleich den nächsten Besuch in Betracht zu ziehen oder das Angebot im Freundes- und Bekanntenkreis weiterzuempfehlen. Hier ist auch Gelegenheit, dem Gast Erinnerungsstücke wie Merchandising-Artikel zu offerieren, ihn um ein offenes Feedback zu bitten und so weiter.

**Abgerundetes Erlebnis bieten**

Eine weitere wichtige Funktion der Ausleitung besteht darin, alle offenen Fragen und geweckten Spannungen abzubauen: Der Gast soll entspannt, wohlgelaunt und zufrieden nach Hause gehen können. Hat die Inszenierung offene Handlungsstränge oder ist sie in Teilen missverständlich, dann kommt der Geist des Gastes nicht zur Ruhe; es bleiben Brüche, die vielleicht nicht in Worte gefasst werden können, wohl aber die Wirkung der Inszenierung beeinträchtigen.

### Ihr Erfolgspotenzial

Bei der Ausleitung entscheidet es sich, ob die Inszenierung einen nachhaltigen Effekt hat und Sie den Gast wirklich begeistern konnten. Gelingt das, so wirken die emotionalen Highlights über die Veranstaltung hinaus und transportieren die Atmosphäre in die Außenwelt. Dazu muss die Inszenierung Erinnerungswert, Bindungskraft und Erzählwert besitzen.

## 3.7.2 Plot

Bleibt der Plot, also die Handlung für die Hauptinszenierung. Er soll die Kernbotschaft so präsentieren, dass der Gast sie selbst auf das Angebot überträgt. Die Handlung darf also nicht zu aggressiv die Botschaft präsentieren, sondern muss die Folgerung quasi unausweichlich erscheinen lassen.

Als Beispiel würden Sie nicht direkt kommunizieren, der Gast solle ein bestimmtes Angebot annehmen, sondern die Inszenierung sorgt dafür, dass das Angebot mit besonderen Vorzügen verbunden wird und so besonders attraktiv erscheint. Der Gast entscheidet sich aber selbst – nicht Sie und Ihre Inszenierung entscheiden für ihn. Das ist vergleichbar mit einer Einzelhandelsinszenierung, bei der der Kunde scheinbar den freien Willen besitzt, beliebig durch den Supermarkt zu laufen, aber doch immer zu der Sonderangebotsfläche geführt wird, auf der attraktive Produkte attraktiv präsentiert und – so zumindest die auffällige Preisauszeichnung – gerade heute auch noch zu einem besonders attraktiven Preis zu haben sind.

Es bleibt übrigens Ihnen überlassen, ob Sie bei der Inszenierung auf eine klassische Erzählform setzen und Hauptakteure mit verschiedenen Rollen integrieren oder ob die Inszenierung – wie im Einzelhandel vielfach üblich – vor allem aus der Bildsprache und der Präsentation lebt, in der die Mitarbeiter (in Ihrem Fall Ihr Personal) und natürlich der Kunde (Gast) die einzigen agierenden Personen sind.

# 3.8 Bildsprache

Damit sind wir bei der Bildsprache. Hier geht es darum, die entwickelte Handlung so in Brain Scripts und Motive umzusetzen, dass diese von den Gästen leicht entschlüsselt und verstanden werden können. Hier ist Liebe zum Detail gefragt – Brüche fallen dem Gast schnell ins Auge.

*Motive, die der Gast versteht*

Gestalten Sie daher Ihr komplettes Angebot entsprechend, nicht nur einen kleinen Teil, den Sie für die Inszenierung vorgesehen haben! Dazu gehören auch alle Nebenorte (wie Toiletten, Fahrstühle, Eingangsbereiche usw.) – wenn diese nicht passend gestaltet sind, beeinträchtigt dies die Gesamtwirkung.

*Das gesamte Umfeld beachten*

Grenzen Sie klar ab, was nicht zum Thema gehört. Eliminieren Sie Handlungselemente und Szenenbestandteile, die nichts zur intendierten Botschaft beitragen: Sie können die Gäste irritieren und zu falschen Schlüssen (siehe auch Inferential Beliefs, Kapitel 5) verleiten.

*Weglassen, was nicht dazugehört*

Wie Sie eine für Ihren Zweck geeignete Bildsprache entwickeln, würde den Rahmen dieses Buches sprengen. Allerdings ist die Verwendung von Farben, Formen und Motiven zum Teil intuitiv möglich – dort wo zu viel »Gehirnschmalz« in die Codierung fließt, sollten grundsätzlich die Alarmglocken schrillen: Der Gast hat zwar Spaß daran, die verborgenen Rätsel zu lösen und zu interpretieren, aber wenn ihm dies nicht gelingt, bleibt ein ungutes Gefühl zurück.

*Decodierung sollte für den Gast sehr einfach sein*

## Hauptprogramm versus Rahmenprogramm und Nebenbühnen

Viele Inszenierungen leiden aus Sicht des Gastes unter dem Problem, nicht »vollständig« zu sein. Es wird viel Wert darauf gelegt, die »Hauptbühne« und das »Hauptprogramm« zu gestalten und thematisch perfekt aufeinander abzustimmen, aber abseits dieser Inszenierung wirkt es, als würde sich niemand wirklich dafür interessieren, die vermittelte Botschaft auch wirklich zu leben.

Daher ist es wichtig, dass die Inszenierung mit ihrer Bildsprache auf alles übertragen wird, was der Gast wahrnimmt. Das sind nicht nur die schon erwähnten Nebenräume, sondern auch das Personal und die benötigten Requisiten. Wir werden darauf im nächsten Kapitel noch eingehen.

# 3.9 Handlungstreiber: Move forward, move along

Besondere Aufmerksamkeit sollten Sie zudem jenen Aspekten der Inszenierung widmen, bei denen die Dramaturgie vorsieht, die Handlung voranzubringen. Hierbei gibt es zwei Fälle:

- Situationen, in denen der Gast den Fortgang initiiert (er bestellt ein Gericht, er begibt sich in den Wellness-Bereich des Hotels ...)
- Situationen, in denen der Gast passiv ist und das weitere Vorgehen durch Ihre Akteure und die Regie bestimmt wird (Moderator kündigt Show-Acts an, die Küche bereitet die bestellte Speise zu ...)

Regie-
anweisungen

Hier gilt es, Regieanweisungen zu entwickeln, die festlegen, wie die Inszenierung immer wieder vorankommt, ohne hektisch und gedrängt zu wirken. Der Wechsel zwischen spannungsgeladenen Elementen und Auflösung/Entspannung kann gezielt genutzt werden, um diese Dynamik am Laufen zu halten.

Erinnern Sie sich an die im Henssler-&-Henssler-Beispiel (Seite 27) erwähnte Klingel: Sie sorgt dafür, dass der Gast ständig das Gefühl hat, alles würde sich weiterbewegen – auch wenn es nicht sein Gericht ist, das fertiggestellt wurde. Selbst wenn er objektiv weiter warten muss, hat er doch das Gefühl, in seiner eigenen Story wieder einen Schritt vorangekommen zu sein.

Damit sind wir am Ende des Kapitels und haben nun ein Konzept für unsere Inszenierung. In den folgenden beiden Kapiteln geht es um die praktische Umsetzung, wobei wir die eigentliche Inszenierung und das weitgehend statische Erscheinungsbild und die Dramaturgie als treibende Kraft differenzieren müssen.

# Teil 4: Die Realisierung: Vom Konzept zur Umsetzung

Nun geht es um die Realisierung: Bei der Umsetzung des Konzeptes in eine reale Inszenierung sind eine Menge praktischer Fragestellungen zu beantworten. Diese reichen von der Technik, die eingesetzt wird, um bestimmte Effekte zu erzielen, über gestalterische Aspekte bis hin zu konkreten Fragen hinsichtlich des Ablaufs, rechtliche Aspekte, die zu berücksichtigen sind, bis zu der Frage, wie die Kosten der Inszenierung bemessen werden und wie Refinanzierungsmodelle aussehen können.

Im Rahmen der Umsetzung muss die Frage nach der Bühne und ihrer Gestaltung ebenso gestellt werden wie die der Nebenbühnen, Nebenschauplätze, des Interieurs und der Requisiten. Naja … zumindest würde man so im Theaterjargon sagen – Sie werden erfahren, was das in der Umsetzung konkret für Sie bedeutet, was Ihre Bühne, Ihre Requisiten sind.

## 4.1 Lernen von den Profis

In den vergangenen Jahren haben aber immer mehr Branchen Erfahrungen in der Umsetzung von Inszenierungen gesammelt. Durch Beobachtung dieser Branchen und gegebenenfalls das Studium von Fachliteratur können Sie Ihre Inszenierung weiter verbessern und manchen Trick lernen. Studieren Sie auch das Fernsehprogramm bewusst auf Hintergrunddokumentationen, die immer wieder interessante Einblicke liefern.

### 4.1.1 Entertainment-Sektor: Theater, Film, Fernsehen, Freizeitparks

Alles nur Theater? – Der Sektor, der die wohl umfangreichste Erfahrung in der Entwicklung und Umsetzung inszenierter Welten gesammelt hat, ist der Entertainment-Sektor. Hierunter fällt in erster Linie das Theater, das auch Pate steht für die Begriffe, die wir für unsere Inszenierung und Dramaturgie verwenden.

Betrachten Sie Ihr Hotel oder Restaurant einmal als Bühne, wie Sie sie vom Theater gewohnt sind: Im Theater wird vieles unternommen, damit die Aufführung optimal auf den Zuschauer wirken kann. Hierzu gehören insbesondere:

- der Einsatz von Beleuchtung und Lichttechnik, um besondere Effekte und Wirkungen zu erzielen
- die Nutzung von Bühnenbildern und Requisiten
- der Einsatz von Toneffekten
- die genaue Planung von Abläufen und dramaturgischen Elementen

Mittlerweile wird die Bedeutung des Theaters in vielen Fällen allerdings durch das Fernsehen abgelöst. Nicht nur Hollywood-Produktionen bieten hervorragendes Anschauungsmaterial, was den Aufbau von Spannungsbögen, die realistische Umsetzung künstlicher Welten und die Bindung des Publikums betrifft, sondern auch von Serien und Sendeformaten wie »Ich bin ein Star, holt mich hier raus«, »Wer wird Millionär?« und vielen anderen lässt sich eine Menge abschauen.

Aber natürlich ist auch klar, dass Theater und Fernsehen häufig Welten inszenieren, in denen der Zuschauer rein passiv bleibt. Die Handlungsaufforderung an den Zuschauer besteht dann höchstens darin, Merchandising-Artikel zu kaufen oder sich auch die nächste Folge anzuschauen. Auch sind die Inszenierungen vielfach zwar spannend und stimmig, für den Alltag aber wenig nutzbringend: Wer will schon in Kakerlaken baden oder im letzten Moment eine Atombombe entschärfen und so die Welt retten?

Doch Hollywood hat frühzeitig erkannt, dass sich manche Themen durchaus zweitverwerten lassen. Aus dieser Idee entstanden die Disney- und Warner-Brothers-Freizeitparks. Mittlerweile gibt es auch in Deutschland einige sehr erfolgreiche – und von Filmproduktionen völlig unabhängige – Freizeitparks, deren Besuch sich durchaus lohnt, sucht man nach Inspirationen für den geschickten Aufbau von inszenierten Welten, die Emotionalisierung der Zuschauer, die wirkungsvolle Gestaltung von Abläufen und dramaturgischen Effekten. In diesen Freizeitparks wird der Gast selbst zum Mittelpunkt der Inszenierung und übernimmt die aktive Rolle.

## 4.1.2 Werbung

Markenwelten, soweit das Auge reicht: Die Werbung versteht es immer besser, nicht mehr auf der Ebene von Produkteigenschaften zu arbeiten, sondern dem Zuschauer und Konsumenten Werte und

Emotionen zu vermitteln. Sie haben bereits in Kapitel 2 gesehen, wie wichtig diese Wertewelten für den Erfolg einer Inszenierung sind – und wie stark sie sich zwischen unterschiedlichen Zielgruppen unterscheiden.

Moderner, zeitgemäßer Werbung gelingt aber auch noch eine zweite Aufgabe erfolgreicher Inszenierungen: Sie baut Loyalität zum Produkt und zum Anbieter auf. Dies ist besonders gut zu sehen bei Lifestyle-Marken wie Apple, Adidas, Nike, BMW oder Mercedes. Die inszenierten Markenwelten wollen gar nicht jedem gefallen, sondern polarisieren bewusst, schaffen so Raum für Diskussionen und sorgen dafür, dass Kunden »ihre« Marke mit fast religiösem Eifer gegen Konkurrenzmarken verteidigen.

## 4.1.3 Event-Veranstalter

Es gibt eine große Zahl von Publikationen zum Thema Event-Marketing – ebenso wie es spezialisierte Dienstleister für diesen Bereich gibt. Planen Sie eine besonders umfangreiche und aufwendige Inszenierung oder hängt von dem einmaligen Erfolg besonders viel ab, so macht es Sinn, sich hier Rat und Unterstützung zu holen.

Event-Marketing reicht von der Produktpräsentation über die Planung des Messeauftritts von Unternehmen bis hin zu Bühnenveranstaltungen. In gewisser Weise sind die Event-Veranstalter dafür verantwortlich, die inszenierten Markenwelten der Werbung aus der Isolation zu holen und direkt zum Adressaten (in der Regel also zum Kunden) zu bringen.

## 4.1.4 Handel

Waren Sie in letzter Zeit in einem modern gestalteten Shoppingcenter, einem Vorzeigesupermarkt oder einem Nobelkaufhaus? Inszenierung und Dramaturgie sind hier Trumpf. Zum Einsatz kommt nicht nur modernste Technik, sondern der Kunde wird ganz gezielt und auf vorgeplanten Wegen durch die Inszenierung geleitet – obwohl er das Gefühl völliger Wahlfreiheit hat und glaubt, selbstbestimmt durch das am Reißbrett geplante Einkaufsparadies zu schlendern.

Die Bücher von Christian Mikunda sind eine hervorragende und Augen öffnende Lektüre, wenn es um die Gestaltung und Dramaturgie solcher öffentlichen Räume geht.

## 4.1.5 Weitere Beispiele

Es gibt zahlreiche weitere Beispiele für erfolgreiche Inszenierungen, aus deren Umsetzung Sie Ideen für Ihre eigene Planung ableiten können. Große Museen sind ein gutes Beispiel, die ihre Sammlungen immer moderner und lebendiger präsentieren und wo die angegliederten Shops und Cafés immer häufiger eine ganz eigene, inspirierende Atmosphäre verbreiten – und häufig auch der eigentliche Anlass sind, das Museum zu besuchen.

Schauen Sie sich auch aufmerksam an, was Ihre Konkurrenz auf die Beine stellt – auch die schläft nicht.

Und lesen Sie Wirtschaftsmagazine und Trendberichte – auch aus branchenfremden Bereichen: »Open minded« werden Sie hier viele Anregungen finden, die Sie auf Ihre Bedürfnisse übertragen können.

# 4.2 Termin- und Zeitplanung

Doch nun zu den praktischen Fragestellungen.

**Persönliches Zeitempfinden des Gastes**

Ein wichtiger Aspekt betrifft die Frage, wie viel Zeit der Gast für den Besuch Ihrer Inszenierung einplanen muss und wann sie angeboten werden soll. Berücksichtigen Sie dabei auch das subjektive Zeitempfinden des Gastes: Wenn er lange warten muss oder in einer passiven Rolle verharrt, wird ihm die Zeit länger vorkommen, als wenn er selbst interaktiv einbezogen ist und ständig neue Eindrücke gewinnt.

Die zu erwartende Gesamtdauer sollte das Zeitbudget der Gäste berücksichtigen und dieses nie überziehen. Die allgemeine Ablaufplanung ist zwar hilfreich, um die Zeit zu beurteilen, die der Gast reservieren muss, aber erst konkrete Proben und Tests können Klarheit darüber liefern, ob die Planungen wirklich realistisch sind.

**Organisation im Hintergrund**

Die Kehrseite dieser Medaille zeigt sich in der logistischen Planung der Abläufe. Von dieser Organisationsstruktur im Hintergrund soll der Gast nichts bemerken, doch ist eine genaue Regie vonnöten, beispielsweise wenn es darum geht, die einzelnen Gänge für das Festmenü der Hochzeitsgesellschaft so zu timen, dass sie mit dem restlichen Rahmenprogramm, den Reden und Unterhaltungselementen der Inszenierung abgestimmt sind.

Dazu gehören auch logistische Vorplanungen, die schon im Vorfeld der Inszenierung greifen: Wenn Sie sich auf einer Messe gekonnt in Szene setzen wollen, dann muss das gesamte Equipment zeitgerecht geliefert werden, der Stand muss zur richtigen Zeit aufgebaut (und später wieder abgebaut) werden, einzelne Präsentationselemente und Acts müssen zeitlich geplant werden, unter Umständen müssen weitere Akteure wie Entertainer oder Moderatoren zur rechten Zeit am rechten Ort sein.

Kritisch sind dabei:

- Der **Beginn** der Veranstaltung: Immer wieder kommt es hier zu Verzögerungen, weil hinter den Kulissen noch nicht alles bereit ist. Muss der Gast zu lange warten, so beeinflusst das nachhaltig seine Stimmung. »Veranstaltung« ist hierbei sehr allgemein zu fassen: Ein verzögerter Beginn liegt vor, wenn sich der Gast an den Tisch setzt und mehrere Minuten darauf warten muss, dass sich das Personal um ihn kümmert; wenn im Rahmen einer größeren Gesellschaft die Ersten bereits beim Hauptgericht angelangt sind, andere aber noch immer auf ihre Suppe warten; wenn die Sauna des Wellnesshotels von 14.00 bis 23.00 Uhr geöffnet ist und der Gast um 14.10 Uhr vor verschlossenen Türen steht; aber natürlich auch dann, wenn das Krimi-Dinner laut Einladung um 20.00 Uhr beginnen sollte, um 20.15 Uhr aber immer noch Gäste eintreffen und sich der Beginn ganz offensichtlich weiter verzögert.

- Das Timing der **Zwischenelemente** und der **Übergang** zwischen einzelnen Phasen: Diese dürfen nicht zu lang sein, um den roten Faden nicht zu verlieren oder die Dramaturgie nicht zu zerstören, sollten aber auch nicht zu kurz sein, um dem Gast sowie den im Hintergrund arbeitenden Mitarbeitern nicht ungebührlichen Stress zu bereiten. Wird zum Beispiel beim Krimi-Dinner nicht auf den passenden Rhythmus zwischen Aufführung und Menüfolge geachtet, kann die Inszenierung aus dem Takt geraten. Werden während der Autorenlesung im Hintergrund bereits die Proseccoflaschen geöffnet und wird das Getränk in die Gläser eingeschenkt, ergibt das nicht nur eine unangehme Geräuschkulisse, sondern die Aufmerksamkeit der Zuhörer nimmt in Vorfreude auf die Häppchen rapide ab.

- Das **Ende** des Events und die **Abreise** der Gäste: Dass Sie darauf achten müssen, das Zeitbudget Ihrer Gäste nicht überzustrapazieren, habe ich schon erwähnt. Hinzu kommt noch, dass die Gäste nicht einfach »weg« sind – gerade wenn eine Inszenierung zeitgleich für viele Teilnehmer einen Abschluss findet, kann es zu Staus an Garderoben, vor der Toilette, am Ausgang, am Taxistand kommen. Auch werden vielleicht nicht alle Gäste den Veranstaltungsort unmittelbar verlassen, sondern noch in Gruppen zusammenstehen. All diese Elemente müssen bei der Planung berücksichtigt werden.

# 4.3 Kommunikation

**Die Rolle der Mitarbeiter**

Ein weiterer Punkt, auf den die Konzeption nur mittelbar eingeht, ist die Kommunikation mit den Gästen. Dabei ist es wichtig zu verstehen, dass das Personal nicht nur eine Schnittstellen- und Vermittlungsfunktion hat, sondern auch Teil der Inszenierung ist. Es ist daher wichtig, die Mitarbeiter entsprechend zu schulen und in ihre jeweiligen Rollen einzuweisen.

Die Kommunikation zwischen Gast und Personal kann die Wahrnehmung der Inszenierung und die Beurteilung ihrer Glaubwürdigkeit nachhaltig beeinflussen. Es muss sichergestellt werden,

- dass der Gast bei Fragen jederzeit einen kompetenten Ansprechpartner findet,
- dass alle Auskünfte qualifiziert sind und sich in den Rahmen der Inszenierung einpassen,
- dass die üblichen Regeln für die Gästekommunikation eingehalten werden, auch wenn die Inszenierung unter Umständen mehr Stress für das Personal bedeutet.

Gegebenenfalls muss auch geprüft werden, ob im Rahmen der Inszenierung zusätzliches Personal benötigt wird, um sich um spezielle Gästebedürfnisse zu kümmern. Darunter fällt beispielsweise Personal für zusätzlich zu erbringende Serviceleistungen, wie wir sie in Kapitel 4.7 noch detaillierter kennen lernen werden.

**Unterschiedliche Formen von Kommunikation**

Hinsichtlich der Kommunikation mit dem Gast ist ferner zu berücksichtigen, dass die Wirkung der Inszenierung in weiten Bereichen nonverbal abläuft (die Inszenierung und Dramaturgie spricht dann für sich selbst) beziehungsweise auf Massenkommunikation setzt – die Bemerkungen z.B. eines Moderators sind an alle anwesenden Gäste gerichtet. Die individuelle Kommunikation des Personals mit dem Gast hat damit die Aufgabe zu erfüllen, den Gast in das Geschehen einzubeziehen.

Eine weitere Kommunikationsebene existiert zwischen den Gästen selbst: Diese kann sogar zum Gegenstand der Inszenierung werden, wenn es beispielsweise darum geht, neue Bekanntschaften zu schließen oder aber auch das Gespräch im Freundeskreis führen zu können. Wird bei der Inszenierung nicht darauf geachtet, dass eine Atmosphäre und ein Raum geschaffen wird, in der diese Intra-Kommunikation möglich ist, kann die gesamte Inszenierung als störend empfunden werden. Das gilt insbesondere dann, wenn die Soundkulisse der Inszenierung zwischenmenschliche Unterhaltung stört oder gar unmöglich macht.

# 4.4 Technik

Ein weiteres wichtiges Feld hinsichtlich der optimalen Umsetzung der Inszenierung betrifft den sinnvollen Einsatz moderner Technik. Sie kann helfen, die Wahrnehmung zu perfektionieren und Effekte zu schaffen, die den dritten Ort überhaupt erst zu einem besonderen Platz werden lassen.

Wahrnehmung lenken, Effekte schaffen

Der Einsatz von Technik zur Unterstützung der Dramaturgie und Inszenierung ist vom Theater, aber auch aus der Werbung und dem Event-Marketing wohlbekannt. Wir werden auf den kommenden Seiten untersuchen, welche technischen Möglichkeiten sich für die Beeinflussung der Sinneswahrnehmung anbieten.

## 4.4.1 Beleuchtung und Lichttechnik

Der gezielte Einsatz von Lichttechnik gehört heute zum Standard-repertoire guter Inszenierungen. In vielen Hotels und Restaurants ist das Potenzial allerdings nicht ausgeschöpft und könnte die Inszenierung deutlich verbessert werden.

Beleuchtung effektiv nutzen

Gezielt mit unterschiedlichen Ausleuchtungen arbeiten: Im Theater ist die Bühne hell erleuchtet, der Zuschauerraum während der Aufführung abgedunkelt, Spots setzen Akzente und durch den gezielten Einsatz von Lichteffekten werden spezielle Wirkungen erzielt. Der Begriff »Illumination« transportiert etwas Magisches und verdeutlicht, wie stark inszenierte Lichteffekte in ihrer Wirkung auf den Gast sein können.

Auch in Ihren Räumlichkeiten können Sie über Beleuchtungseffekte eine besondere Wirkung erzielen. Der Technikaufwand muss dabei nicht besonders hoch sein. So können mit Spots und indirekten Lichtquellen, der gezielten Steuerung der Helligkeit der Beleuchtung und dem dezenten Einsatz von farbigen Beleuchtungskörpern interessante Effekte erreicht werden.

Diese Möglichkeiten werden jedoch nur von wenigen Anbietern konsequent genutzt und durchgängig umgesetzt. Vielmehr lautet die Devise häufig: »Hauptsache, das Licht brennt.« Die »Neben-schauplätze« werden häufig gar nicht mehr mit ins Konzept auf-genommen und fristen buchstäblich ein einsames Schattendasein.

So war ich vor einiger Zeit in einem Hotel, in dessen Fahrstuhl mittlerweile drei von vier Birnen ausgefallen waren. Das Ergebnis war natürlich weniger eine anheimelnde Beleuchtung, als vielmehr eine Beleuchtungssituation, die manchen Gast bereits in eine leichte Panik versetzen kann. Im gleichen Hotel war der Früh-stücksraum so spärlich beleuchtet, dass an ein entspanntes Zei-tunglesen an einem frühen Herbstmorgen nicht wirklich zu denken war. Energiesparmaßnahmen in Ehren, aber hier lief die Beleuch-tung der intendierten Zielsetzung definitiv entgegen.

Natürlich muss ein Beleuchtungskonzept nicht gleich so umfang-reich ausfallen wie in den großen Hotelcasinos in Las Vegas: Hier wird vielfach mit gemalten Deckenbildern gearbeitet, die einen künstlichen Himmel darstellen, auf dem durch indirekte Beleuch-tung ein Tag-Nacht-Rhythmus simuliert wird. Da es zudem in den Casinos keine Fenster gibt, die den Blick nach draußen ermögli-chen würden, und die Scheiben der Glastüren abgedunkelt sind, verliert der Gast so das Gefühl für Zeit und Raum. Die Beleuch-tungseffekte werden zum Teil einer perfekten Inszenierung.

**Aufmerksam-keit steuern**

Mit dem geschickten Einsatz von Lichteffekten kann die Aufmerk-samkeit des Gastes gesteuert werden. So können einzelne Teil-szenen oder Plätze temporär oder dauerhaft für die Inszenierung hervorgehoben werden. Auch ist es möglich, so den Fokus auf einen bestimmten Vorgang zu legen.

Dabei muss nicht unbedingt immer der Verfolgerspot zum Einsatz kommen. Aus der ZDF-Serie »Das Traumschiff« kennen viele Gäste beispielsweise den Einsatz von Feuerwerk und Wunderker-zen, um die Aufmerksamkeit auf das Dessert als Abschluss und Höhepunkt beim Kapitänsdinner zu legen.

**Show**

Eng verbunden damit sind auch Showeffekte, bei denen beispiels-weise Speisen am Tisch vor den Augen des Gastes flambiert oder gegrillt werden.

**Außen-beleuchtung**

Im weitesten Sinne zu den Beleuchtungseffekten zählen auch Maßnahmen, die die Sicht vom Gastraum nach draußen beeinflus-sen. Hierdurch wird zum einen das Umgebungslicht zum Gestal-tungselement, zum anderen beispielsweise ein wundervolles Panorama zum Teil der Gesamtinszenierung. Auch Gärten, Ge-bäude und andere Außenanlagen können so durch Lichttechnik (besonders nachts) bewusst zum Teil der Inszenierung werden.

Umgekehrt ist es allerdings auch möglich, durch Licht- und Spiegel-effekte eine eher unansehnliche Szenerie vor Ihrem Haus (z.B. die

Bundesstraße mit dem fließenden Verkehr) auszublenden oder in den Hintergrund zu rücken, ohne dass sich der Gast eingesperrt fühlt.

Doch die Möglichkeiten der Beleuchtungstechnik gehen noch weiter. So können Sie durch gezielten Einsatz von Lichttechnik auch den Weg des Gastes durch eine Installation beeinflussen. Prinzipiell kennen Sie das von Ihrem letzten Flug: »Leuchtmarkierungen am Boden führen Sie zum nächsten Notausgang« ... Nur hoffen Sie im Flugzeug, dass Sie von dieser Einrichtung nie Gebrauch machen müssen.

Wegweiser

Generell können durch den Einsatz von Licht also nicht nur statische Highlights gesetzt, sondern auch dynamische Aspekte betont werden. Dies kann für Ihre Inszenierung wichtig werden, wenn sich Ihre Gäste von einem Ort zum anderen bewegen sollen oder die Aufmerksamkeit der Gäste auf einen anderen Bereich gelenkt werden muss.

**Aufgabe**

Wie sieht es mit dem Einsatz von Beleuchtungseffekten in Ihrem Unternehmen aus? Wo setzen Sie gezielt auf Lichteffekte und wo überlassen Sie es dem Zufall, welche Wirkung erzielt wird? Ist sichergestellt, dass alle Beleuchtungskörper regelmäßig auf ihre Funktionsfähigkeit hin überprüft und defekte Beleuchtungselemente ausgetauscht werden?

Aber es ist eben auch der umgekehrte Effekt zu beobachten: Wenig durchdachter Einsatz von Beleuchtung kann das Erleben des Gastes beeinträchtigen. Dazu gehören nicht nur defekte Beleuchtungskörper und Lichtquellen, durch die der Gast unangenehm geblendet wird. So kann durch Kerzen zwar eine romantische Stimmung erzeugt werden, aber für manchen Gast kann das schummrige Licht das Lesen der Speisekarte erschweren. Farbige Lichtquellen können zwar interessante Effekte schaffen, aber (beispielsweise beim Einsatz von Blaulicht) auch die räumliche Wahrnehmung und die Koordinationsfähigkeit einschränken. Und letztlich müssen nicht nur Ihre Gäste, sondern auch das Personal optimal in den illuminierten Räumlichkeiten agieren können.

Undurchdachte Beleuchtung schadet dem Gesamtbild

**Aufgabe**

Suchen Sie nach Möglichkeiten, durch den gezielten Einsatz von Lichteffekten die optische Wahrnehmung Ihrer Räumlichkeiten und Ihres Angebotes durch den Gast zu optimieren, seine Aufmerksamkeit zu lenken und bestimmte Emotionen zu wecken! Häufig ist der Einsatz von Beleuchtungselementen und Lichteffekten eine relativ kostengünstige Möglichkeit, die Wirkung Ihrer Räumlichkeiten zu optimieren.

**Alle Bereiche beachten**

Wichtig ist es, darauf zu achten, dass das Beleuchtungskonzept für alle vom Gast genutzten Räumlichkeiten überprüft wird. Gerade in Hotels kann immer wieder festgestellt werden, dass zwar der Empfangsbereich und die Lounge sehr aufwendig indirekt beleuchtet sind, sich diese Wohlfühlatmosphäre aber dann nicht im Zimmer des Gastes fortsetzt. Gerade in solchen Situationen wird besonders viel Potenzial verspielt, da sich der Gast wesentlich länger in seinem Zimmer aufhält als im Empfangsbereich des Hotels. Und auch »Nebenschauplätze« wie der Eingangsbereich, Fahrstühle, Treppenhäuser, Tiefgaragen-Stellplätze und Sanitäranlagen werden häufig bei der Überprüfung des Beleuchtungskonzeptes übersehen.

**Tipp**

Achten Sie beim Einsatz von Energiesparbirnen darauf, dass sie häufig eine andere Farbtemperatur aufweisen als die bislang üblicherweise verwendeten Glühbirnen. Und auch die wahrgenommene Helligkeit kann sich deutlich unterscheiden, wenn Lichtquellen ausgetauscht werden müssen.

**Akustik und Geräuschkulisse: Auf den Klang kommt es an**

Einen besonders interessanten Bereich für Inszenierungen stellen auch Videoprojektionen dar, die sowohl illuminierende als auch bühnengestalterische Funktionen übernehmen können. Der Preisverfall bei den Projektionsgeräten sorgt dafür, dass hier Lichteffekte und Gestaltungsmöglichkeiten zur Verfügung stehen, von denen man noch vor wenigen Jahren nur träumen könnte.

## 4.4.2 Akustik und Tontechnik

Es war mucksmäuschenstill, als sich die Kontrahenten gegenüberstanden. Man hätte eine Stecknadel fallen hören können. Plötzlich – ein Handy klingelt im Zuschauerraum …

Was so ziemlich der Albtraum jeder Theateraufführung ist, kann uns als gutes Beispiel dafür dienen, wie wichtig die Geräuschkulisse im Rahmen der Inszenierung und der Dramaturgie ist. Stille ist hier ebenso ein Gestaltungselement wie der gezielte Einsatz von Sprache, Musik, Effektgeräuschen usw. Die Tontechnik und der Bereich Akustik beziehen sich aber nicht nur auf Special Effects, die die Inszenierung spannender gestalten können: Der Akustik kommt grundlegende Bedeutung zu!

Nutzt Ihre Inszenierung Elemente einer Bühnenaufführung oder gibt es einen Moderator, dann müssen die Akteure auch in der hintersten Reihe gut verständlich sein. In der Regel ist hierfür ein leistungsfähiges Soundsystem vonnöten, die Akteure müssen mit geeigneten Mikrofonen ausgestattet werden. Mikrofontechnik ist auch dann hilfreich, wenn (wie bei einer Zaubershow) einzelne Gäste aus dem Publikum eine aktive Rolle in der Inszenierung übernehmen sollen.

**Soundsystem**

Und natürlich gehört zur auditiven Gestaltung der Inszenierung auch das gesprochene Wort – die Kommunikation des Personals mit dem Gast in Tonlage, Lautstärke und Wortwahl, aber auch die Gespräche zwischen Gästen und (oft genug) die Gespräche zwischen den Mitarbeitern, die die Gäste mitbekommen.

Hinzu kommt die Frage des Geräuschpegels und der Art der Hintergrundgeräusche, die dafür sorgen, dass ein angenehmes Ambiente entsteht. Hoffentlich, denn auf der anderen Seite kann die Akustik die Wahrnehmung empfindlich beeinflussen und den gewünschten Effekt unter Umständen sogar komplett zerstören. So sind störende Nebengeräusche ebenso schädlich wie eine hallende Akustik, eine allgemein schlechte Verständlichkeit, eine zu laute Beschallung oder gar technische Pannen. Jeder kennt das von Veranstaltungen, bei denen der Redner die Bühne betritt, zum Mikrofon greift und es dann entweder zu Rückkopplungen kommt, das Mikrofon komplett versagt oder die Lautsprecheranlage zu laut oder zu leise eingestellt ist.

**Geräuschpegel**

Das letzte Beispiel ist vor allem für Seminarhotels bedeutsam, die für eine funktionierende und richtig eingestellte Technik sorgen müssen. Aber damit ist das Thema längst nicht erschöpft – vielmehr ist dies nur die Spitze des Eisbergs.

Oder versetzen Sie sich in die Lage eines Hotelgastes, der sich eine erholsame Nachtruhe wünscht. In die Lage des Restaurantgastes, der einen Geschäftspartner zum Essen eingeladen hat, um noch einige wichtige Vertragsdetails zu seinen Gunsten zu beeinflussen. Oder das Pärchen am Nachbartisch, das frisch verliebt scheint. Die schon leicht angeheiterte Reisegruppe in der Bar … Sie alle haben ganz unterschiedliche Vorstellungen davon, wie das akustische Ambiente an »ihrem« dritten Ort sein soll.

Dabei umfasst das akustische Ambiente nicht nur bewusst wahrgenommene Elemente wie die Hintergrundmusik oder die Gespräche mit dem Gegenüber und dem Personal, die zielgerichtete

**Akustisches Ambiente**

Sounduntermalung der Inszenierung oder die Sprache des Moderators bzw. auftretender Akteure, sondern auch Störgeräusche, die kaum wahrgenommene Fahrstuhlmusik, Funktionsgeräusche (Lift, Espressomaschine, Klimaanlage), die Nebengeräusche von den Nachbartischen, das Quietschen der Zimmertüre, das Knarzen der Matratze im Hotelzimmer, den Straßenlärm, der den Gast vom erholsamen Schlaf abhält, und vieles mehr.

### Aufgabe

Untersuchen Sie gezielt die Akustik und das auditive Ambiente Ihrer Inszenierung – und zwar von verschiedenen Stellen im Raum aus. Ein probates Hilfsmittel hierbei ist ein gutes Diktiergerät, das Sie mitlaufen lassen können: Hören Sie sich die Aufzeichnung nachher an – ohne das restliche Geschehen wahrzunehmen und so abgelenkt zu sein. Wo sind irritierende Sounds, was beeinflusst die Wahrnehmung negativ? Sorgen Sie für Abhilfe!

## 4.4.3 Klimatechnik

**Wohlfühl-Klima**

Der Begriff des Wohlfühl-Klimas ist Programm, wenn es um Inszenierungen geht, die die Chance haben, zum dritten Ort zu werden. Wer einmal in einem Restaurant gesessen hat, in dem es fünf Grad zu kalt war, an einem Fenster saß, durch das es zog wie Hechtsuppe, oder nach beschwerlicher Anreise ein Hotelzimmer vorfand, in dem die Heizung voll aufgedreht und das Zimmer zu warm war, der weiß, wie wichtig das »richtige« Klima ist.

Neben der Temperatur und der Vermeidung von Zugluft kann die Klimatechnik mittlerweile auch weitere Parameter wie zum Beispiel die Luftfeuchtigkeit steuern. Prinzipiell ist es im Rahmen einer Inszenierung sogar möglich, es schneien oder regnen zu lassen, die Gäste binnen Minuten klimatisch vom Nordpol in die Sahara zu versetzen oder Nebel aufziehen zu lassen.

Eine solch umfassende klimatische Steuerung ist allerdings für Inszenierungen in Gastronomie und Hotellerie meist aus Kostengründen nicht realisierbar. Trotzdem ist es wichtig, das Klima als Bestandteil der Inszenierung zu begreifen und dafür zu sorgen, dass sich der Gast wohlfühlt.

Für Hotelzimmer bedeutet das auch, dass der Gast in der Lage sein sollte, das Raumklima nach eigenen Wünschen zu beeinflussen – und zwar nicht nur rein technisch, sondern auch praktisch in Form verständlicher Anleitungen und Bedienelemente.

# 4.4.4 Duftstoffe und Beduftungstechnik

Angenehme Gerüche können das Erleben deutlich intensivieren. Der richtige Duft kann Erinnerungen wecken, den Gast in fremde Welten entführen, die Konzentration fördern und die Aufmerksamkeit lenken, aber auch Begehrlichkeiten wecken.

Düfte sind die Mosaiksteine im Marketing der Sinne und damit das zukünftige Marketinginstrument schlechthin. Der richtige Duft schafft

- neue Erlebniswelten,
- ein erhöhtes Wohlbefinden des Gastes,
- eine stärkere Bindung an die Inszenierung,
- die positive Beeinflussung des Gästeverhaltens,
- einen hohen Erinnerungswert,
- ein Ambiente des Vertrauens und Wohlbefindens,
- einen entscheidenden Wettbewerbsvorteil,
- Umsatz- und/oder Leistungssteigerungen.

Einsatzmöglichkeiten von Duftstoffen:

- Ambiente gestalten (Stimulation von Sympathie und Wohlbefinden im Hotel)
- Stimmung schaffen (Konzentrations- und Kreativitätssteigerung in Seminarräumen)
- Verkaufsaktionen beleben (Erlebniskauf, Unterstützung thematischer Produktpräsentationen)
- Gerüche maskieren (Überdeckung von Küchengerüchen)
- Verkauf fördern (Umsatz- und Leistungssteigerung, Imageverbesserung)

Für die thematische Beduftung Ihrer Inszenierung können Sie auf Anbieter spezieller Aromasäulen zurückgreifen. Diese Aromasäulen versprühen gezielt ätherische Öle, die beim Gast ihre Wirkung entfalten. Dabei können die Säulen sich harmonisch in die Inszenierung einfügen und werden als solche gar nicht wahrgenommen – der Gast erlebt die Düfte dann als natürlichen Teil der Inszenierung, nicht eine künstliche Beeinflussung seiner Wahrnehmung.

Aromasäulen

Vielfach können Sie aber auch schon mit einfachen Hilfsmitteln exotische und anregende Düfte in die Inszenierung integrieren, beispielsweise mit:

- Duftkerzen
- Räucherstäbchen
- Kaffeebohnen
- exotischen Gewürzen
- Zitrusfrüchten
- Duft-Potpourris mit passenden ätherischen Ölen
- für Sanitärbereiche handelsüblichen Duftspendern

**Aufgabe**

Gehen Sie Ihre Inszenierung schrittweise durch und notieren Sie zu jeder Schlüsselszene die Düfte, die Sie damit verbinden. Wie können Sie diese Duftkomponenten in Ihre Inszenierung integrieren?

## 4.4.5 Aromen in Speisen und Getränken

Eng verbunden mit der Geruchswelt ist auch der Geschmack – und damit die gezielte Nutzung von zur Inszenierung passenden Aromen in Speisen und Getränken. Aus diesem Grund haben wir das Thema unter dem Bereich Technik angesiedelt, obwohl es sich strenggenommen um das klassische Handwerk des Kochs oder Barkeepers handelt.

**Aromen gehören zum Kerngeschäft**

Gastgewerblichen Anbietern stehen hier interessante Möglichkeiten offen, die Intensität der Inszenierung zu verstärken, da die Konsumation von Speisen und Getränken durch den Gast zum Basisgeschäft gehört.

Sorgen Sie daher dafür, dass das Angebot an Speisen und Getränken, aber auch beispielsweise im Rahmen der Inszenierung zur Verkostung gereichte Proben das Thema der Inszenierung wiedergeben und ungewöhnliche kulinarische Genüsse versprechen.

## 4.5 Schauplatz

Dass der Schauplatz gemäß der Inszenierung besonders gestaltet und präpariert werden muss, versteht sich von selbst. Wir haben auch schon darauf hingewiesen, dass unterschiedliche Anforderungen, aber auch unterschiedliche Möglichkeiten bei Innenschauplätzen einerseits und Außenschauplätzen andererseits zu berücksichtigen sind. Ebenso haben wir gesehen, dass zusätzliche Unwägbarkeiten bei Außenveranstaltungen bestehen.

Worauf wir bislang nicht explizit eingegangen sind, ist die Wahrnehmung des gesamten Veranstaltungsortes durch den Gast als »Bühne« und die Folgen, die sich daraus für die Inszenierung ergeben. (Wir werden in diesem Abschnitt den Begriff »Bühne« analog zu seiner aus dem Theater bekannten Bedeutung verwenden.)

## 4.5.1 Hauptbühne

Im Theater gibt es in der Regel eine Hauptbühne, auf der die Inszenierung stattfindet. Je nach geplanter Inszenierung kann sie unterschiedliche Entsprechungen finden:

- den Hauptraum des Restaurants
- das Hotelzimmer des Gastes
- spezielle Veranstaltungsräumlichkeiten

Beachten Sie, dass sich die Inszenierung dort befinden muss, wo sich der Gast am längsten aufhält: Würde ein Hotel nur die Lobby in die Inszenierung einbeziehen, nicht aber die Hotelzimmer der Gäste, so würde die Inszenierung in den meisten Fällen als wenig gelungen wahrgenommen werden – Ausnahmen sind hier temporäre Inszenierungen wie Shows oder Lesungen, die in speziellen Räumlichkeiten stattfinden. Aber auch dann bietet es sich an, die Hotelzimmer in die Inszenierung zumindest als Nebenbühne oder Nebenorte einzubeziehen.

**Wo der Gast sich am längsten aufhält**

## 4.5.2 Nebenbühnen

Bei den sogenannten Nebenbühnen handelt es sich um jene Bereiche, die der Gast beim Besuch der Inszenierung als Teil des Geschehens wahrnimmt:

- Bar
- Empfang, Hotel-Lobby
- Terrasse usw.

**Teil des Geschehens**

Die Nebenbühnen müssen in die Inszenierung einbezogen werden und von Thema und Motiv zur Hauptbühne passen. Hier wird häufig ein Rahmenprogramm stattfinden für Gäste, die sich eine kurze Auszeit gönnen oder die auf andere Gäste warten oder sich in Ruhe unterhalten wollen.

### 4.5.3 Nebenorte

Alle sonstigen Bereiche, die der Gast unter Umständen betritt oder durchläuft, sind Nebenorte. Sie bestimmen häufig darüber, ob der Gast die Inszenierung als ganzheitlich und authentisch wahrnimmt oder sie für aufgesetzt hält.

**Wirkung der Nebenorte**

Die Nebenorte müssen nicht perfekt zur Inszenierung passen, sollten aber doch nicht wirken wie eine völlig andere Welt. Schon die Gestaltung mit Fotos und die Verwendung analoger Farbpaletten wie bei der Hauptinszenierung können dazu beitragen, die Nebenorte als Teil des Ganzen wahrzunehmen. Auch kleine Accessoires, die akustische Gestaltung und die Verwendung von Düften können diese Bindung herstellen.

Zu den Nebenorten gehören unter anderem:

- Außenbereiche
- Parkplätze
- Eingangsbereich und Gänge
- Garderobe
- Wartebereiche
- sanitäre Einrichtungen
- Fahrstühle

**Häufig vernachlässigt, großes Verbesserungspotenzial**

Beachten Sie, dass Außen- und Eingangsbereiche häufig stark den ersten Eindruck prägen, den der Gast von der Inszenierung bekommt. Hier bleibt vielfach wertvolles Potenzial ungenutzt, Anbieter konzentrieren sich bei der Gestaltung vor allem auf den Kernbereich und vergessen die enorme Wirkung der Nebenorte. Überlegen Sie selbst: Wie wahrscheinlich ist es, dass Sie sich einen Platz freiwillig als dritten Ort erwählen, dessen sanitäre Einrichtungen reichlich abgenutzt wirken und unangenehm riechen?

### 4.5.4 Behind the Scences: Der Backstage-Bereich

Hierunter fallen alle Bereiche, die der Gast nicht sehen sollte oder die vom Gast *in der Regel* nicht betreten werden, wie:

- Personalbereiche
- Bereiche für Regie, Technik und Akteure
- Lagerräume
- Verwaltungsbüros usw.

Sie müssen nicht in die Inszenierung einbezogen werden, wohl aber müssen Vorkehrungen technischer, organisatorischer oder personeller Art getroffen werden, damit der Gast sich nicht in diese Bereiche »verirrt«.

Der Restaurantküche kommt eine Sonderstellung zu: Sie kann sowohl Backstage-Bereich sein, aber auch – im Sinne einer offenen Showküche – als Teil der Inszenierung konzipiert werden. Im letzteren Fall wird die Showküche aber vielfach noch von Hilfsküchen im Hintergrund unterstützt, die der Gast nicht wahrnimmt.

Es ist sogar in Einzelfällen möglich, die Küche selbst zur Bühne zu machen, wie Sie im nächsten Abschnitt sehen werden.

Küche hat Sonder-stellung

## Übergänge von »Backstage« zu »Bühne«

Besondere Bedeutung muss jenen Bereichen beigemessen werden, die den Übergang zwischen Backstage und öffentlichen Bereichen darstellen.

Einerseits muss sichergestellt werden, dass Gäste nicht versehentlich oder aus Neugier in die eigentlich gesperrten Bereiche vordringen, andererseits soll eine gute Inszenierung nicht dadurch beschädigt werden, dass der Gast durch einen Blick durch die geöffnete Türe in den Backstage-Bereich aller seiner Illusionen beraubt wird.

Versehentli-ches Betreten verhindern

Das bedeutet unter anderem, dass die Übergänge, die eine Schleusenfunktion haben, ebenso bewusst gestaltet werden müssen wie die öffentlichen Bereiche. Diese »Schleusen« dürfen zudem nicht als Abstellkammern missbraucht werden oder als Treffpunkt für Mitarbeiter. Dazu gehört es auch, dass dem Personal die Funktion dieser Schleusen bewusst ist und spezielle Verhaltensregeln für das Betreten und Verlassen dieses Bereiches festgelegt werden.

Schleusen bewusst ausgestalten

## Backstage-Pass

Im Konzertbusiness sind Backstage-Pässe ein interessantes Hilfsmittel, um VIPs und anderen ausgewählten Gästen ein besonderes Erlebnis zu bieten. Sie erlauben den Zugang zum Backstage-Bereich – und damit in einen für den normalen Gast nicht zugänglichen Bereich. Wer diesen Bereich trotzdem betreten darf und erleben kann, wie es hinter der »Bühne« bei der Inszenierung zugeht, erlebt für sich persönlich häufig eine besonders erinnerungsstarke und emotionale Situation, von der er auch nach Jahren noch gerne Freunden, Bekannten und Familienmitgliedern erzählt.

Exklusive Einblicke

Da das Backstage-Erlebnis in der Regel einmalig ist, lassen es sich Anbieter oft gut bezahlen oder sie nutzen die Backstage-Pässe als Anreiz für besonders »wertvolle« Gäste.

Mittlerweile wurde das Backstage-Pass-Konzept von verschiedenen Branchen adaptiert: Zoos bieten Nachtführungen an und Programme, bei denen zahlungskräftige Interessenten oder deren Kinder für einen Tag den Alltag eines Tierpflegers miterleben dürfen. Auch Museen, Theater und Unternehmen haben erkannt, dass mit Spezialführungen, für die nur sehr wenige Karten vergeben und die nur sehr selten angeboten werden, sowohl interessante imagebildende und beziehungsstärkende Effekte erzielt als auch Zusatzeinnahmen generiert werden können.

Mittlerweile haben auch einige Restaurants diesen Trend erkannt und stellen einen VIP-Tisch direkt in der Küche auf. Der Gast kann den Köchen bei ihrer Arbeit also über die Schulter schauen. Solche Tische werden vielfach nicht aktiv vermarktet, sondern nur »besonderen« Gästen angeboten. Trotzdem spricht sich das Angebot in der Regel rasch unter zahlungskräftigen Interessenten herum und diese Tische sind dann auf Monate hinaus ausgebucht.

Ein solches Angebot setzt natürlich voraus, dass die Restaurantküche entsprechenden Platz bietet und einen erstklassigen Eindruck hinterlässt, was Sauberkeit und Organisation sowie Umgangsformen betrifft. Sind diese Rahmenbedingungen allerdings gegeben und wird dann noch ein Exklusiv-Menü offeriert, das im Restaurant so nicht erhältlich ist, dann wird der Backstage-Bereich selbst zur Inszenierung – und nicht selten zur Cash-Cow.

## 4.5.5 Auftritt

Alles ist ein Auftritt – auch wenn die Bedienung die bestellte Speise aus der Küche bringt!

Schauspieler proben im Theater monatelang vor der Premiere jeden Satz und jede Geste. Dramaturgisch ist es sehr wichtig, wie der Schauspieler die Bühne betritt und wie er sich im Szenenbild bewegt.

Sehen Sie sich um

Gehen Sie mit diesem Wissen einmal in ein Restaurant oder setzen Sie sich eine Stunde in eine Hotel-Lobby und beobachten Sie das Personal. Schnell werden Sie merken, ob dem Mitarbeiter klargemacht wurde, dass er jedesmal eine öffentliche Bühne betritt, wenn er aus dem Büro oder der Küche kommt.

Vielfach ist sich das Personal dieser Rolle nicht bewusst, die es im Sinne einer optimalen Inszenierung zu spielen hat. Da kann man ausufernde Gespräche zwischen Mitarbeitern beobachten, während Gäste zur gleichen Zeit zum Warten verdonnert sind, das Personal läuft unpassend gekleidet durch die Gänge oder kommt (nach einer unseligen Diskussion mit der Küche) missmutig und gefrustet mit dem Teller zum Tisch des Gastes.

Was läuft in solchen Situationen schief? Das Personal überschreitet die Grenze zwischen Backstage-Bereich und öffentlichem Bereich, ohne sich dessen bewusst zu sein – und verhält sich dementsprechend so, wie dies auch »hinter der Bühne« geschieht. Die Schleuse zwischen beiden Bereichen erfüllt also ihre Funktion unzureichend!

Schleusen-funktion bewusst beachten

**Beispiel**

Wer aufmerksam durch die Hotelcasinos in Las Vegas geht, bemerkt natürlich auch die unscheinbaren Türen, hinter denen das Personal verschwindet oder aus denen es hervortritt. In manchen dieser Hotelcasinos befinden sich hinter den automatischen Türen kahle Gänge mit vergilbtem Anstrich – die gewählte Inszenierung reißt schlagartig ab. Normalerweise kommt hier auch kein Gast hin – trotzdem können Gäste immer wieder durch die sich öffnenden Türen einen Blick auf diese Schleusen erhaschen, die zumeist von Kameras überwacht oder von Security-Posten besetzt sind. Interessant sind neuere Casinos wie das Wynn, bei denen sich die Inszenierung auch im Flur hinter der Türe noch ein Stück fortsetzt. Zwar ist auch hier Gästen der Zutritt verboten, aber der zufällige Blick durch die sich öffnende Tür lässt die Inszenierung hier nicht schlagartig abreißen – der Gast kann den Servicegang optisch kaum von den öffentlichen Bereichen unterscheiden.

Einige Hotelcasinos weisen ihre Mitarbeiter am Ende der Schleuse deutlich darauf hin, dass sie jetzt den Backstage-Bereich verlassen. Dies geschieht durch wandhohe Spiegel, in denen die Mitarbeiter ihr Äußeres kontrollieren können (und es auf jeden Fall wahrnehmen, wenn sie am Spiegel vorbeilaufen). Zusätzlich findet man Hinweisschilder mit kurzen, aber aussagekräftigen Inhalten wie:

**»Dress?     Smile!«**

# 4.6 Szenenbild, Interieur und Requisiten

Natürlich kommt der eigentlichen Gestaltung der Szene – nach der zuvor verwendeten Terminologie also der von den Gästen begeh- und erlebbaren Hauptbühne – die größte Bedeutung zu.

Das Szenenbild und die architektonische Gestaltung der Örtlichkeiten orientieren sich einerseits an dem von Ihnen entwickelten Konzept für die Inszenierung, andererseits aber auch an praktischen Erwägungen: Es ist kaum sinnvoll, ein Restaurant mit komplexer Bühnentechnik auszustatten, damit die als Rauschgoldengel verkleidete Sommeliere den gewählten Wein aus einem überdimensionalen Glastresor holt und mit der Flasche wieder zu Boden schwebt. Naja … zumindest würden Sie das in Deutschland kaum in Erwägung ziehen. Und in Las Vegas baut man dann gleich ein neues Restaurant in einem Casino, ersetzt das Rauschgoldengel-Kostüm durch etwas Erotischeres und hat seine Inszenierung.

**Farben, Formen, Materialien**

Bei der Gestaltung des Interieurs geht es darum, durch Farben, Materialien, Formen und Motive eine Welt zu schaffen, in die der Gast abtauchen kann und welche die durch die Inszenierung transportierte Botschaft optimal unterstützt.

Besonders wichtig ist dabei die Dekoration – je mehr Details und kleine Anspielungen der Gast in der Inszenierung vorfindet, umso mehr Anknüpfungspunkte ergeben sich, um die Drehbücher im Kopf zu starten.

Daraus folgt, dass ein Restaurant, das moderne asiatische Küche in den Mittelpunkt der Inszenierung stellt, nicht nur entsprechende Motive und eine adäquate Farb-, Klang- und Duftwelt, sondern auch asiatisch anmutende Beleuchtungskörper nutzt, an der Wand überdimensionale Fächer mit asiatischen Motiven platziert, das Personal einen asiatischen Touch vermittelt, die Arbeitskleidung der Angestellten asiatisch wirkt und die Speisekarte von asiatischen Schriftzeichen geziert wird.

**Bauliche Maßnahmen**

Auch bauliche Maßnahmen können die intendierte Wirkung verstärken und dabei zugleich dafür sorgen, dass der Gast sich leicht kognitive Landkarten zurechtlegen kann, damit er sich in der Inszenierung besser orientieren kann.

**Technik**

Zusätzlich muss die Technik, die die Inszenierung unterstützen soll, mit einbezogen werden. So ergibt sich ein begehbares Szenenbild, das das Motiv der Inszenierung optimal repräsentiert.

**Visuelle Darstellungen**

Enorm aufmerksamkeits- und emotionsstark können Fotos und Bilder sein, die stimmungsvoll das Thema widerspiegeln. Achten Sie einmal bewusst darauf, wie großformatige Bildmotive beispielsweise bei modernen Asia-Fusion-Restaurants oder in Cocktailbars zum Einsatz kommen. Die Bildmotive reichen dabei von abstrakten Formen über Landschaften, Alltagsszenen aus exotischen Ländern und mit Personen bis hin zu ansprechend dekorierten Speisen oder Grundzutaten und künstlerisch in Szene gesetzten Arbeitsvorgängen z.B. aus der Restaurantküche.

Wer es noch dynamischer und moderner mag, setzt immer häufiger auf Videoprojektionstechnik und projiziert die Motive an die Wand. Ganz nach Wunsch können die Motive wechseln, fließend ineinander übergehen und sogar mit zusätzlichen Botschaften und Effekten ergänzt werden.

Überall im Gastgewerbe kommen zudem Elemente zum Einsatz, die vom Gast berührt und genutzt werden. Auch sie müssen auf das Motiv zugeschnitten sein. Eine kleine Auswahl dieser Gegenstände und Objekte:

**Elemente und Gegenstände**

- Speisekarten, Geschirr, Gläser, Besteck und Tischwäsche im Restaurant, die der Gast sowohl nach Haptik (Wertigkeit) als auch Optik (thematische Übereinstimmung und Abnutzungsgrad) bewertet
- Bettwäsche, Matratzen, Hand- und Badetücher, Bademäntel etc. bis hin zur Qualität des Toilettenpapiers und der Seife im Bad
- Blumen- oder sonstiger Schmuck für Zimmer und Tische
- die Rechnung, die selbst Erinnerungswert erhalten kann
- Merchandising-Artikel

Diese Liste lässt sich beliebig verlängern. Im Grunde trägt alles, was der Gast vor Ort sehen, berühren, nutzen oder auch nur hören kann, dazu bei, wie er die Gesamtinszenierung bewertet und wie authentisch und glaubwürdig er sie findet. Kommt dann die Dramaturgie, also das eigentliche Geschehen, hinzu, so bestimmt die Summe die Attraktivität und den Wert der Inszenierung für den Gast.

Bei Speisekarten und anderen kommunikativen Unterlagen wie Gästemappen ist eine weitere wichtige Funktion sicherzustellen: Der Gast muss sich rasch zurechtfinden können. Speise- und Getränkekarten sollten daher den Gast darin unterstützen, rasch eine »gedankliche Landkarte« zu dem Angebot zu entwickeln und zu speichern.

**Rasche Übersicht, gedankliche Landkarte**

# 4.7 Begleitende Services

Zur Planung einer guten Inszenierung gehören auch zahlreiche begleitende Services, von denen zwar nicht alle das Thema der Inszenierung selbst betreffen, die aber in der Summe notwendig sind, um die Veranstaltung zu einem Erfolg zu führen und dafür zu sorgen, dass sich die Gäste am inszenierten dritten Ort wohlfühlen.

An erster Stelle sind hier das Rahmenprogramm sowie die Personen (Hosts oder Guides) zu nennen, die dem Gast während der Inszenierung als unterstützendes Personal bei Fragen und Problemen zur Verfügung stehen.

## Rahmenprogramm

**Neben-
zielgruppen**

Vielfach wird ein Rahmenprogramm angeboten, das nur eine mittelbare Verbindung zur Inszenierung hat. Dieses Rahmenprogramm soll vor allem Gäste ansprechen, die nicht zur Kernzielgruppe gehören. Bei Inszenierungen für Erwachsene können dies beispielsweise Kinder sein, die sich ohne Alternativangebote bei dem Besuch langweilen würden. Dieses Angebot kann sich allerdings generell an jeden Gast richten, der beispielsweise als Begleitung mitgekommen ist oder während des Besuches merkt, dass er eine kurze Auszeit von der Hauptinszenierung wünscht.

**Wartezeiten**

Das Rahmenprogramm kann allerdings auch dann wichtig sein, wenn beim Besuch der Inszenierung mit Wartezeiten zu rechnen ist oder wenn dieser Besuch unterschiedlich lange dauern kann und Gäste danach noch einen Treffpunkt wünschen. In diesem Fall übernimmt das Rahmenprogramm die Funktion eines Sammelbeckens und sorgt dafür, dass während Wartezeiten keine Langeweile aufkommt.

## Hosts, Guides

Wenn der Gast nicht weiß, was auf ihn zukommt, kann Unruhe aufkommen. Aufgabe von Hosts und Guides ist es, die Gäste rechtzeitig über Ablauf und Dauer zu informieren und für Fragen zur Verfügung zu stehen.

**Unterstützung
und Hilfe**

In vielen Fällen werden sich diese Hosts am Veranstaltungsort unter die Gäste mischen, um ihnen bei Bedarf mit Rat und Tat zur Seite zu stehen. Damit sie von den Gästen leicht wahrgenommen und zugleich nicht als Fremdkörper empfunden werden, ist es sinnvoll, sie in einer Art und Weise zu kostümieren, dass sie sich in die Inszenierung einfügen, trotzdem aber gut als Anlaufstelle erkennbar sind.

Dabei sind der Kreativität keine Grenzen gesetzt: Auf dem Hamburger Hafengeburtstag werden beispielsweise als Guides Hostessen eingesetzt, die als Leuchtturm verkleidet auf dem Veranstaltungsgelände unterwegs sind und so schon von Weitem Aufmerksamkeit erregen.

# Security

Ein weiterer Zusatzservice, der je nach Veranstaltungsort immer stärker an Bedeutung gewinnt, ist der Sicherheitsdienst. Er übernimmt in erster Linie die Funktion, Einlass und Auslass der Gäste und den Zugang zum Veranstaltungsort zu kontrollieren und zu regeln.

Security-Services sind zum Glück nicht für alle Inszenierung vonnöten. In Einzelfällen kann es jedoch auch vorkommen, dass der Sicherheitsdienst über die Funktion der Einlasskontrolle hinaus weitere Aufgaben übernehmen muss. Dabei handelt es sich in der Regel um den Personenschutz für bestimmte Gäste, VIPs oder im Rahmen der Inszenierung auftretende Künstler.

In seltenen Fällen kann es auch notwendig werden, dass der Sicherheitsdienst die Überwachung bestimmter hochwertiger Requisiten oder von Ausrüstungsteilen übernehmen muss. Wenn Sie beispielsweise eine Inszenierung planen, auf der hochwertige Kunst oder Schmuckstücke präsentiert werden, kann es sogar aus versicherungstechnischen Gründen notwendig sein, diese von einem Sicherheitsdienst bewachen zu lassen.

**Weitere Services**

Damit sich Ihre Gäste am dritten Ort vom Beginn bis zum Ende richtig wohlfühlen, können Sie erwägen, weitere Zusatzservices anzubieten. Hierzu gehören insbesondere:

- Transportservices
- Parkservice
- Catering

Sie sollten allerdings darauf achten, dass die begleitenden Services Ihre Zielsetzungen tatsächlich unterstützen. Sie sollen den Aufenthalt der Gäste abrunden, nicht aber von der Hauptinszenierung ablenken.

# 4.8 Rechtliche Fragestellungen klären

Bevor es losgeht, müssen Sie sich allerdings absichern, dass Sie auch alle rechtlichen Aspekte berücksichtigt haben. Zu diesen rechtlichen Fragestellungen zählen insbesondere:

- Urheberrecht, Copyright
- Markenschutzrechte

- Verwertungsrechte
- Persönlichkeitsrechte
- Haftungs- und Versicherungsfragen

Bevor Sie in irgendwelche rechtlichen Fallen tappen, ist es empfehlenswert, im Zweifelsfall den Rat von Experten zu suchen: Ihre Inszenierung gilt als öffentliche Aufführung und damit müssen Sie beispielsweise die verwendeten Motive und Musikstücke für die Aufführung lizensieren, wenn Sie nicht selbst der Rechteinhaber sind.

Unter Umständen müssen Sie sich daher mit Verwertungsgesellschaften wie der GEMA in Verbindung setzen, um die entsprechenden Verwertungsrechte zu erstehen. Allerdings gibt es beispielsweise auch lizenzfreie Musikstücke, die Sie einmalig erwerben und dann beliebig oft einsetzen können.

**Versicherung und Haftung**

Neben der Frage der zu berücksichtigenden Schutzrechte kommt auch dem Bereich Haftung und Versicherung eine wichtige Bedeutung zu. Dabei gilt es insbesondere, Ihre Gäste für den Fall abzusichern, dass ihnen unerwartet etwas in der von Ihnen inszenierten Welt zustößt. Klären Sie vorher ab, ob dieser Fall von Ihrem vorhandenen Versicherungsschutz abgedeckt wird, oder ob, beispielsweise bei Outdoor-Veranstaltungen, bestimmte Risiken zusätzlich versichert werden müssen.

**Markennamen für eigene Inszenierung schützen?**

Unter Umständen stellt sich auch die Frage, ob Teile Ihrer Inszenierung oder Ihrer Ausrüstung gesondert abgesichert oder gar für Ihre eigene Inszenierung selbst Schutzrechte beantragt werden sollten. Der zweite Fall stellt sich besonders dann ein, wenn Sie einen einprägsamen Markennamen für Ihre Inszenierung gefunden haben oder beispielsweise Merchandising-Artikel mit einem besonderen Logo oder Slogan zum Kauf anbieten und vermeiden wollen, dass sich Trittbrettfahrer an diesen Erfolg anhängen können.

# 4.9 Notfallplan – für den Fall des Falles

Natürlich hofft man immer, dass nichts passiert, aber: Schiefgehen kann immer etwas!

Nur Sie kennen Ihre Inszenierung genau und können analysieren, welche Probleme auftreten können und welche Gegenmaßnahmen notfalls ergriffen werden müssen. Dabei ist es klar, dass Sie nicht für jede Eventualität gerüstet sein können. Streiks, Wetterkapriolen, Stromausfälle und Erkrankungen lassen sich beispielsweise nur bedingt vorhersagen und kompensieren.

Es ist allerdings wichtig, nicht erst dann nach Lösungen suchen zu müssen, wenn das Kind schon in den Brunnen gefallen ist. Entwickeln Sie daher vorher Notfallpläne und stellen Sie sicher, dass Sie ein Ersatzprogramm improvisieren können, falls es notwendig wird.

Eine Notfallplanung ist vor allem für Inszenierungen notwendig, die im Freien ablaufen (Wetterabhängigkeit) oder die sehr stark von einer funktionierenden Technik abhängen. So habe ich an anderer Stelle schon darauf hingewiesen, dass das »Taste of London«-Festival arg unter dem britischen Wetter leiden kann. Schüttet es tatsächlich wie aus Eimern, so zeigt sich rasch, welche der Teilnehmer für diesen Fall vorgesorgt haben: Wer jetzt ein paar (Sonnen-)Schirme hervorzaubern kann, unter denen sich die Besucher vor dem Regen in Sicherheit bringen können, hat schon gewonnen.

Sollte tatsächlich etwas schiefgehen, dann werden Ihre Gäste in einem solchen Fall auch Ihre Flexibilität und Ihre Improvisationsgabe schätzen.

**Aufgabe**

Eruieren Sie Bereiche, für die ein Notfallszenario entworfen werden sollte – und entwickeln Sie Alternativen. Legen Sie zudem als Hilfsmittel ein »Logbuch« an, in dem alle tatsächlich auftretenden Probleme notiert werden – von der defekten Bühne bis hin zur Erkrankung beteiligter Personen. Dieses Logbuch sollte regelmäßig ausgewertet werden, um häufiger auftretende Problembereiche rechtzeitig identifizieren zu können.

# 4.10 Kosten und Refinanzierung

Geschäfts-
modell

Jede Inszenierung bedeutet zusätzlichen Aufwand – und zusätzlicher Aufwand bedeutet immer auch zusätzliche Kosten. Eine Inszenierung, ob nun sehr aufwendig oder mit einfachen Mitteln realisiert, rentiert sich daher immer erst, wenn ein Geschäftsmodell gefunden wird, das es erlaubt, zusätzliche Einnahmen zu erzielen, die nicht nur die intern entstandenen Kosten decken, sondern auch zusätzlichen Umsatz und Gewinn bedeuten.

# 4.10.1 Kosten

Bei einem Blick auf die Kostenseite kann zwischen

- einmaligen Aufwendungen und
- laufenden Kosten

unterschieden werden.

**Einmalige Kosten**

Unter die einmaligen Aufwendungen fällt alles, das dauerhaft genutzt werden kann: Dies umfasst Anschaffungen im Bereich Technik, Requisite und Bühne ebenso wie notwendige bauliche Maßnahmen oder Kosten für die rechtliche Überprüfung. Auch der Aufwand für die Planung der Inszenierung und die Gestaltung fallen darunter.

**Laufende Kosten**

Laufende Kosten sind die Aufwendungen, die für jeden Besuch aufs Neue anfallen: Personalkosten, Gagen, Kosten für Security, Energiekosten, Mietaufwendungen usw. Hinzu kommen Kosten für die vom Gast konsumierten oder verbrauchten Produkte, Kosten für Verwertungsrechte und so weiter.

Die so entstehenden Kosten müssen anteilig auf jeden Gast umgelegt werden, der die Inszenierung betritt. Handelt es sich um eine einmalige Inszenierung, so bestimmt die Zahl der Besucher unmittelbar die Kosten, die die Veranstaltung pro Kopf verursacht hat. Handelt es sich hingegen um eine dauerhafte Inszenierung und liegen noch keine Zahlen über die Besuchsfrequenz der Gäste vor, kann nur mit Schätzungen auf Monats- oder Jahresbasis gearbeitet werden.

**Pro-Kopf-Aufwendungen**

In allen Fällen können Sie eine Schätzung für die Pro-Kopf-Aufwendungen berechnen. Sie ist die Grundlage für mögliche Refinanzierungsmodelle. Dabei kann grundsätzlich unterschieden werden in

- die komplette Refinanzierung durch den Gast,
- die Refinanzierung durch Dritte und
- Mischformen für die Refinanzierung.

# 4.10.2 Refinanzierung durch den Gast

Bei der Refinanzierung durch den Gast sind verschiedene Spielarten möglich, die alle bestimmte Vor- und Nachteile aufweisen:

- **Eintrittspreis verlangen:** Dies ist das zunächst nächstliegende Refinanzierungsmodell. Es wird häufig in der Erlebnisgastronomie eingesetzt, gegebenenfalls kombiniert mit einem Mindestverzehr, für den mit dem Eintrittspreis ein Gutschein erworben wird. Der Vorteil liegt auf der Hand: Die erzielten Grundeinnahmen sind linear von der Zahl der Gäste abhängig. Wenn der Eintrittspreis die Kosten deckt, ist das Modell für den Anbieter sehr attraktiv. Allerdings schreckt der Eintrittspreis auch potenzielle Besucher ab, das Gästepotenzial wird nicht ausgeschöpft.

- **Freier Eintritt, aber Spende:** Die Idee ist, dass der Besucher zunächst die Inszenierung erlebt und dann unter dem Eindruck des Erlebten eher bereit ist, einen Betrag zu spenden, der häufig über dem liegt, was er als Eintrittspreis zu zahlen bereit gewesen wäre. Vorteil: Es werden mehr Gäste einen Besuch erwägen. Nachteil: Die Höhe der Spenden kann nicht abgeschätzt werden.

- **Höhere Preise:** Für Hotellerie und Gastronomie bietet es sich an, die Mehraufwendungen für die Inszenierung direkt in die Preisgestaltung für das Angebot einzubeziehen. So können unterschiedliche Angebote einen unterschiedlich hohen Aufpreis erfahren. Die Idee dabei ist, dass der Gast durch die Inszenierung den höheren Preis akzeptiert. Vorteil: flexible Preisgestaltung, keine Eintrittsbarriere für Besucher. Nachteil: Höhere Preise können die Wettbewerbsfähigkeit nachteilig beeinflussen.

- **Längere Verweildauer = mehr Konsumation:** Hier ist die Idee, dass die Inszenierung den Gast länger an den Ort und damit das zur Verfügung stehende Angebot bindet, er somit mehr konsumiert und die zusätzlichen Umsätze die Aufwendungen für die Inszenierung mehr als aufwiegen. Vorteil: keinerlei abschreckende Wirkung für Gäste. Nachteil: Die Gleichung ist hypothetisch; abhängig von den Zusatzaufwendungen für die Inszenierung können diese von den Zusatzeinnahmen unter Umständen gar nicht aufgefangen werden, da sowohl die Verweildauer und -besuchsfrequenz als auch das Konsumationsverhalten limitiert sind.

- **Merchandising-Artikel und Zusatzangebote:** Hier besteht die Idee darin, den Gast zum Erwerb von – faktisch oft mit einem Aufschlag versehenen – Merchandising-Artikeln oder Zusatzangeboten zu bewegen, die in Verbindung zur Inszenierung stehen und einen Erinnerungs- oder Vertiefungswert hinsichtlich des Erlebten haben. Die Möglichkeiten reichen vom Stoffteddy mit Logo über den Wellness-Bademantel bis hin zum Kochbuch – und von der Massageanwendung bis hin zur Argentinien-Schlemmerrundreise. Vorteil: Der Erwerb durch den Gast ist freiwillig und stärkt zudem noch die Bindung an Anbieter und Angebot. Nachteil: Sind die Angebote nicht attraktiv genug, dann bleiben die geplanten Zusatzeinnahmen aus.

In vielen Fällen wird sich eine Kombination aus verschiedenen dieser Refinanzierungsmodelle als sinnvoll erweisen.

## 4.10.3 Refinanzierung durch Dritte

Allerdings ergibt sich je nach Ausgestaltung der Inszenierung eine weitere Möglichkeit der Refinanzierung, bei der die entstehenden zusätzlichen Aufwendungen ganz oder in Teilen durch Dritte übernommen werden.

### Kostenübernahme durch Dritte

**Partner und Sponsoren**

Durch Kooperationen mit anderen Anbietern und Sponsoren können nicht nur direkte Zuschüsse und Spenden erwirtschaftet werden, sondern auch die Unterstützung der Inszenierung durch Sachmittel, Arbeitsleistung oder den vergünstigten oder kostenlosen Bezug von im Rahmen der Inszenierung genutzten Produkten ist möglich. Grundsätzlich ist dabei allerdings eine Win-Win-Situation zu schaffen: Der jeweilige Kooperationspartner oder Sponsor erwartet selbst durch die Inszenierung einen Imagegewinn.

Beispiele für solche Kooperationen finden sich an vielen Stellen: British Airways trat 2007 als Hauptsponsor des Food-Festivals »Taste of London« auf, in manchen Hotels werden beispielsweise die Pflegeprodukte oder sogar die Matratzen von Markenanbietern gesponsert mit dem Ziel, die Gäste zu einem Wechsel zu dieser Marke zu bewegen, Restaurants präsentieren ihre Fleisch-, Fisch- und Käselieferanten prominent und handeln dafür Werbekostenzuschüsse oder verbesserte Einkaufsbedingungen aus, die Ton-, Beleuchtungs- oder Lichttechnik oder auch Zelte, Tische und Stühle für temporäre Outdoor-Events werden von Kooperationspartnern zur Verfügung gestellt usw.

**Misch-kalkulation**

In der Regel wird die Kostenübernahme aber nicht vollständig gelingen, so dass hier Mischkalkulationen mit den zuvor vorgestellten Refinanzierungsmodellen erfolgen sollten.

# Gemeinschaftliche Inszenierungen

Eine weitere Form der Kooperation greift tiefer in die Inszenierung selbst ein: Denkbar ist es beispielsweise, dass ein Hotel in Kooperation mit einem Juwelier eine besondere Show (ggf. mit anschließender Verkaufsveranstaltung) für seine Gäste inszeniert oder dass ein Themenwochenende offeriert wird, bei dem im Package nicht nur die Übernachtung, sondern auch diverse Zusatzleistungen Dritter inkludiert sind.

Die Möglichkeiten, die sich hier vor allem für temporäre Inszenierungen und Sonderveranstaltungen ergeben, sind schier unendlich und reichen von Bücherlesungen (Kooperationspartner: Verlage, Buchhandlungen) über Modeschauen (Modehäuser) zu Opernwochenenden (Oper, Transportservice), Snowboarding-Weeks (Trainer, Sportgeräte-Verleih) bis hin zu künstlerischen Veranstaltungen, Kursangeboten und Erlebnis- und Wellness-Packages.

**Aufgabe**

Entwickeln Sie ein geeignetes Refinanzierungsmodell und suchen Sie nach Kooperationsmöglichkeiten für Ihre Inszenierung. Versetzen Sie sich in die Situation Ihrer Gäste: Was sind deren primäre Interessen?

Damit schließen wir das Kapitel über jene Aspekte ab, die bei der Realisierung der Inszenierung zu beachten sind – im nächsten Kapitel geht es um eine aufmerksamkeitsstarke Dramaturgie, die Ihre Gäste in das Geschehen einbindet und sie emotional berührt.

# Teil 5: Die Dramaturgie und der menschliche Faktor

Bislang haben wir uns von der Idee zum Konzept und weiter zur praktischen Umsetzung durchgearbeitet. Vor allem die im vorangegangenen Kapitel vorgestellten Methoden und Maßnahmen sind dabei eher technischer bzw. organisatorischer Natur. Um der Inszenierung jedoch die gewünschte Wirkung zu verleihen, muss sie auch die Psychologie der Beteiligten berücksichtigen.

In diesem Kapitel geht es daher um die menschlichen (oder psychologischen) Elemente, die bei der Inszenierung berücksichtigt werden müssen und die der Dramaturgie zum Erfolg verhelfen.

## 5.1 Stimmungsmanagement (Mood Management)

**Emotional berühren**

Ziel der Dramaturgie ist es, den Gast emotional zu berühren – er kann Spannung erleben, es kann Neugier geweckt werden, er kann sich entspannt fühlen und so weiter. Aus der Psychologie ist auch bekannt, dass bestimmte Farben, Klänge, Motive, Lichtverhältnisse etc. die Stimmung eines Menschen beeinflussen. Begriffe wie eine »fröhliche Melodie«, »bedrückende Farben« oder eine »inspirierende Atmosphäre« sind Teil der Alltagssprache und zeugen davon, dass sich Personen durchaus bewusst sind, dass diese Parameter ihren Gemütszustand beeinflussen. Allerdings sind wir uns oft nicht bewusst, was gerade jetzt unsere Stimmung beeinflusst.

Zwei zentrale Überlegungen, sind für unsere Inszenierung von besonderem Interesse:

- Personen suchen sich gezielt Orte, Medien und Freizeitgestaltungsmöglichkeiten aus, die zu ihrer Stimmung passen. Dabei scheint es unterschiedliche Ausprägungen zu geben. In Untersuchungen schauten sich männliche Versuchspersonen vor allem Fernsehsendungen an, die sich entgegengesetzt zu ihrer Stimmung verhielten: Gelangweilte Personen schauten sich spannungsgeladene Programme an, während gestresste Testpersonen entspannende Programme bevorzugten. Weibliche Testpersonen wählten allerdings in traurigen Gemütszuständen eher Programme, die diese Stimmung unterstützten. Und: Personen sind intuitiv in der Lage, die Stimmung an einem Ort oder in einem Film in kurzer Zeit wahrzunehmen.

■ Auf der anderen Seite ist es möglich, die Stimmung, die eine Inszenierung transportiert, aktiv zu beeinflussen. Dies ist das Ziel der gesamten Entertainment-Branche, muss aber auch Ihr Ziel sein, das Sie durch die Gestaltung und Dramaturgie der Inszenierung erreichen können.

Daraus folgt, dass es eine Wechselwirkung gibt: Ihre Gäste werden die Orte, die sie gerne in ihrer Freizeit aufsuchen, gezielt nach der eigenen Seelenverfassung einerseits und der dort vorhandenen bzw. erwarteten Stimmung auswählen. Dabei sind zwei Hauptstimmungen relevant:

**Stimmung und Wahl des Ortes**

■ **Excited:** Hier erwartet der Gast High-Life, Action, Spannung und Abenteuer. Solche anregenden Orte machen das Leben aufregend.

■ **Relaxed:** Hier erwartet der Gast Ruhe, Wellness, Selbstreflexion und Erholung. Solche entspannenden Orte machen das Leben erholsam.

Die jeweilige Stimmung überträgt sich nicht nur über die Gestaltung der »Bühne«, die Handlung und technische Aspekte wie Beleuchtung, Audiountermalung und so weiter, die Sie im vorherigen Kapitel kennen gelernt haben. Vielmehr sind es auch die kleinen Details, die die Stimmung beeinflussen und gegebenenfalls sogar kippen können.

**Details sind wichtig**

So kann die relaxte Stimmung schnell in Stress und Unwohlsein umschlagen, wenn beispielsweise der Gast zu wenig Bewegungsfreiheit hat. Das kennt jeder von einem überfüllten Straßenfest oder einem Kinobesuch, bei dem man sich mit dem Sitznachbarn ständig um die Armlehne streitet und keinen Platz hat, die Beine auszustrecken.

Im Restaurant kann das perfekte Mahl dadurch gestört, wenn nicht gar zerstört werden, dass es von irgendwoher zieht, ständig Personen am Tisch vorbeilaufen oder neue Gäste im gut gefüllten Lokal nach freien Plätzen suchen, die Musik zu laut, die Wartezeit zu lang oder das Personal unaufmerksam ist.

Ganzheitliches Mood Management muss daher alle Möglichkeiten berücksichtigen, die die intendierte Stimmung gefährden könnten. Die Aufgaben gehen also weit über die grundlegende Inszenierung hinaus.

## 5.1.1 Veranstaltungsort als Kunstobjekt?

Eine interessante Entwicklung ist in diesem Zusammenhang, dass Veranstalter für temporäre Events gerne emotionsgeladene Veranstaltungsorte wählen. Hier ist die am Ort vorherrschende Atmosphäre vielfach so greifbar, dass sie weniger leicht durch kleine Unachtsamkeiten beschädigt oder gar zerstört werden kann. Dabei kann darüber gestritten werden, ob der Ort von sich aus die entsprechende Stimmung besonders stark transportiert – quasi also »stimmungsgeladen« ist – oder ob die Bekanntheit und Erwartungshaltung des Ortes die Gäste in ihrer Wahrnehmung beeinflusst und sie daher eher bereit sind, störende Aspekte auszublenden.

**Besondere Orte**

In der Regel transportieren historische Orte und Gebäude (Schlösser, Museen) eine besondere Stimmung, wobei darüber gestritten werden kann, ob die historische Bedeutung und die Energiegeladenheit des Ortes oder geschickte Vermarktung und das Wissen, einen besonderen Ort zu betreten, dafür in erster Linie verantwortlich sind.

**Zeitweilige Inszenierung**

Wie dem auch sei, dies ermöglicht auch Ihnen, stimmungsgeladene Orte für temporäre Inszenierungen zu wählen. Wo dies nicht möglich ist oder Sie auf die eigenen Räumlichkeiten angewiesen sind, hilft geschicktes Storytelling, wie Sie es gleich kennen lernen werden, eine besondere Stimmung aufzubauen.

Habe ich Ihnen übrigens schon erzählt, dass ich Teile dieses Manuskriptes in einer Stadt verfasse, in der man selbst aus dem Tod eine Inszenierung zu machen versteht und es ein eigenes Museum zum Thema Bestattung gibt? Etwas schauerlich, oder? – Aber ein gutes Beispiel dafür, wie die Präsentation eines Ortes Stimmungen hervorrufen kann.

## 5.1.2 Verbindung von Notwendigem mit Show und Erlebnis

Dass ich gerade das Thema Tod und Inszenierung erwähnte, ist kein Zufall. Es ist ein, vielleicht *das* klassische Beispiel für zweckgebundene Inszenierungen, die einen notwendigen Akt (Bestattung) durch eine bestimmte Dramaturgie erhöhen.

Orte moderner Inszenierung machen das Gleiche, nur in anderem Rahmen. Sie verbinden Grundbedürfnisse (Nahrungsaufnahme, Nächtigung, aber auch Einkaufen usw.) mit interessanten Elementen der Unterhaltung. Das führt zu verschiedenen Ausprägungen:

- Ein Grundbedürfnis steht im Mittelpunkt und wird angereichert (Themenhotels).
- Der Erlebnischarakter steht im Mittelpunkt und wird um zusätzliche Funktionen ergänzt (Museum: Shop, Café, Restaurant).

In beiden Fällen geht es darum, eine harmonische Einheit zu schaffen und die Inszenierung nicht als aufgesetzten Fremdkörper erscheinen zu lassen, sondern als attraktive Bereicherung, die das Grundbedürfnis belebt, interessanter macht und den Erlebnischarakter stärkt.

# 5.2 Storytelling

Storytelling ist ein wichtiges Prinzip, um nicht nur Fakten zu präsentieren, sondern auf unterhaltsame Weise zu unterstreichen, worin das Selbstverständnis und die Einzigartigkeit Ihres Angebotes bestehen. Dabei sollte Storytelling keinesfalls als »Geschichten erzählen« missverstanden werden. Ziel ist es nicht, die Realität zu schönen, sondern auf einprägsame Weise die Werte, Motivationen und Besonderheiten im Rahmen der Inszenierung zu präsentieren.

Das Konzept des Storytellings hat in den letzten Jahren im Marketing einen wichtigen Stellenwert erhalten. Ansätze hierfür im Gastgewerbe haben Sie vermutlich schon häufiger gesehen – sie aber vielleicht nicht als solche identifiziert. Tatsächlich schmücken immer mehr Gastronomen und Hoteliers Speisekarten, Gästefolder und andere gedruckte Informationen mit mehr oder weniger spannenden Geschichten zur Geschichte oder Philosophie des Hauses. Dabei handelt es sich um ein rudimentäres Storytelling mit dem Ziel, die Gäste nicht nur zu unterhalten, sondern auch zu informieren.

**Hoher Stellenwert für Markenbildung**

Echtes Storytelling zeichnet sich durch vier Elemente aus, die die Story enthalten muss:

1. eine klare **Botschaft**, die vermittelt werden soll

2. einen **Konflikt**, der scheinbar unlösbar ist

3. die zentralen **Charaktere**, die in der Regel mit dem Haus verbunden sind

4. den **Plot**, in dem der Protagonist den Konflikt auf unkonventionelle, kreative Weise löst und so die Grundlage für das Haus oder das spezielle Angebot legt

Sie werden damit die Parallelen zur Ihrer Inszenierung und zum Storyboard erkennen. Storytelling ist ideal geeignet, um auf der emotionalen Ebene zu kommunizieren und so die Wertewelt des Gastes aufzunehmen und zu verstärken.

Es gibt viele **Aufhänger** für eine Story:

### Beispiel

- Der Gastronom, der aus dem Ausland zurückkommt und alles daran setzt, eine im Ausland erlebte und erlernte authentische Küche in seine Heimat zu bringen, der aber feststellen muss, dass bestimmte Zutaten in der benötigten Qualität nicht zu bekommen sind. Natürlich findet er die Lösung für dieses Problem, beispielsweise durch Einsatz persönlicher Beziehungen, und schafft es, seinen Gästen nunmehr ein einzigartiges kulinarisches Erlebnis zu bieten.

- Das Hotel, das schon zu Zeiten von Napoleon das erste Haus am Platze war, das aber von Verfall und Abriss bedroht war, bevor es im Rahmen einer großen persönlichen Kraftanstrengung komplett restauriert werden konnte und heute noch weitgehend auf das ursprüngliche Interieur setzt.

- Unser einzigartiger Wagenmeister, Herr Thomas Mayr, der persönlich keine Kosten und Mühen scheut, den Nobelkarossen der Gäste während ihres Aufenthalts die perfekte Pflege zukommen zu lassen. Dazu besuchte er aus eigenem Antrieb in seiner Freizeit exklusive Fortbildungsseminare u.a. bei Bentley, Porsche, Ferrari und Maybach, die sonst nur wenigen Kfz-Meistern offen stehen. Gerade befindet er sich auf der Warteliste bei Rolls Royce, es gab schon diverse Versuche, ihn dem Haus abzuwerben, aber das lassen wir natürlich nicht zu!

- Das schottische Galloway-Rind, eine uralte, widerstandsfähige Rinderrasse, die seit über 150 Jahren in ihrer jetzigen Form reingezüchtet wird, in Österreich aber nur von einer Handvoll Züchtern gehalten wird. Nur das Galloway-Rind liefert die Fleischqualität, die wir für unsere weit über die Region hinaus bekannten Steaks benötigen. Es hat lange gedauert, einen Züchter in der Region zu finden, der Galloway-Rinder biologisch-ökologisch aufzieht und uns – in der Regel persönlich – die benötigten Mengen jederzeit in Top-Qualität liefern kann. Bitte haben Sie Verständnis, dass unsere Steaks vom Galloway-Rind auch einmal nicht verfügbar sein können: Unser Qualitätsanspruch verbietet es, auf Tiefkühlware zurückzugreifen oder lange Transportwege in Kauf zu nehmen!

■ Name gesucht für Europas höchstes Igludorf: Das aus zwölf Iglus bestehende Dorf liegt auf 2.750 Metern Meereshöhe, verfügt über eine kleine Kapelle, in der man heiraten, und ein Hotel, in dem man eine Nacht auf Rentierfellen verbringen kann. Nur ein Name fehlt dem jüngsten Dorf Tirols, das auf keiner Landkarte zu finden ist.

Nur fünf Beispiele – mal steht ein Gastronom im Mittelpunkt, mal die Geschichte des Hauses, dann wieder ein Mitarbeiter, ein Produkt (bzw. seine Vorstufe) und zum Schluss eine Landschaft.

Storytelling ist sowohl für die externe als auch die interne Kommunikation geeignet:

■ extern für Gäste, Interessenten und Presse
■ intern zur Mitarbeiterschulung und -motivation

**Aufgabe**

Suchen Sie nach der eigentlichen Story in Ihrer Inszenierung und brechen Sie sie auf die Kernaussage und die vier Bestandteile des Storytellings herunter. Wo liegt die Verbindung zu den von den Gästen verkörperten Wertewelten?

Eng verbunden mit dem Storytelling ist das Thema Glaubwürdigkeit. Wenn Ihre Storys schon von Weitem nach Geflunker aussehen, wird es natürlich nichts mit Vertrauensvorschuss und der emotionalen Ansprache der Kunden. Bleiben Sie daher immer bei der Wahrheit. Ein wenig Überhöhung im Sinne des Spannungsbogens ist aber erlaubt.

Nicht zu sehr flunkern

# 5.3 Grundlagen der Dramaturgie nach Mikunda

Kennen Sie Christian Mikunda? Sein Name ist in diesem Buch bereits einige Male aufgetaucht und nun möchte ich ihn und seine Thesen etwas genauer vorstellen.

Dr. Christian Mikunda war Film- und Fernsehdramaturg und berät heute als Vordenker für neue Erlebniswelten die Wirtschaft. Ein Wanderer zwischen den Welten also, der seine aus der Filmwirtschaft stammenden Erkenntnisse zu Dramaturgie und Inszenierung erfolgreich auf Wirtschaftsprojekte wie Einkaufszentren, Flagship Stores, Supermärkte, Vergnügungsparks, Museen und Unternehmenszentralen überträgt. Mit seinen Büchern möchte er dem Leser »vor Augen führen, welche Auswirkungen Planungsentscheidungen auf den Konsumenten haben« und »ihm helfen, falsches Pathos und andere Fehler zu vermeiden und seine kreative Intuition spontan zu begreifen« (Der verbotene Ort, S. 17).

Er wehrt sich dagegen, als Konsum-Dramaturg bezeichnet zu werden, auch wenn es in seinen Büchern vielfach um Marketing geht. Stattdessen steht er für eine strategische Dramaturgie, die auf Erkenntnissen der kognitiven Psychologie beruht und dazu beitragen soll, Erlebnisse zu optimieren.

Damit passen die Thesen des »Meisters der Verführung«, wie ihn das Schweizer Fernsehen einmal tituliert hat, ideal in unser Thema. Auf den folgenden Seiten habe ich die wichtigsten psychologischen Konzepte zusammengefasst, die Mikunda in seinen Büchern aufzeigt.

## 5.3.1 Vierundzwanzig Kunstgriffe der Dramaturgie

Mikunda identifiziert 24 Kunstgriffe der Dramaturgie zur Idealisierung der inszenierten Welt, Emotionalisierung des Gastes, Stabilisierung und Ordnung der Abläufe, Vereinheitlichung sowie Aufklärung des Gastes. Diese Kunstgriffe finden sich in jeder guten Inszenierung und sorgen dafür, dass unser Gast unsere Botschaft versteht und in die Inszenierung hineingezogen wird.

Die folgende Darstellung lehnt sich an Mikundas Thesen an, vereinfacht sie aber teilweise und verwendet andere Bezeichnungen. Ziel ist nicht eine exakte Wiedergabe der Ideen von Professor Mikunda – dafür verweise ich interessierte Leser gerne auf seine Bücher –, sondern eine Übertragung seiner Thesen auf unsere Inszenierung.

Idealisierung

Die ersten fünf Prinzipien haben die Idealisierung der Inszenierung und des Angebotes zum Ziel. Sie machen es zu etwas Besonderem und betonen die Einzigartigkeit:

- **Wertsteigerung durch Exklusivität:** Was man nicht (einfach) bekommen kann, steigt im wahrgenommenen Wert. *Eine Reservierung, für nächste Woche ... tut mir leid, aber da hätten Sie vor sechs Monaten nachfragen sollen.*

- **Was wäre, wenn …:** Das Spiel mit Schein und Wirklichkeit sorgt dafür, dass sich Gäste eine Situation intensiver vergegenwärtigen und sich mit der Inszenierung stärker identifizieren. *Wen interessiert es, dass der Zaubertrick ein Trick und die Marmorsäule aus Gips ist? … Schön ist es halt.*

- **Kleider machen Leute:** Das gezielte Platzieren und Verpacken von Angeboten im Rahmen der Inszenierung kann diese veredeln und ihren Wert erhöhen. *Das Wasser in der geschliffenen Karaffe war billigstes Tafelwasser, gut gekühlt … aber die Gäste zahlten gerne die 9 Euro, da das Ambiente stimmte.*

- **Etiketten lenken Erwartungen:** Der gezielte Einsatz von Etiketten und Symbolen, die mit Werten oder Eigenschaften verbunden sind, kann genutzt werden, um diese Eigenschaften auf das Angebot zu übertragen – wenn das Versprechen dann auch eingelöst wird. *Dann betrat Professor Dr. Meier die Bühne und referierte über die Bedeutung guten Essens für die körperliche Fitness. Anschließend gab es ein tolles Bio-Büfett.*

- **Neue Kleider machen neue Leute:** Durch die Veränderung einzelner Bestandteile der Inszenierung kann die Gewichtung der Wahrnehmung beeinflusst und verändert werden. *Seit der Renovierung und der Entwicklung der neuen Speisekarte wirkt hier alles viel frischer und moderner.*

Fünf weitere Prinzipien dienen der Emotionalisierung des Gastes, machen das Erlebnis spannender und interessanter:

*Emotionalisierung*

- **Auf Bekanntes setzen:** Persönliche Erinnerungen und Erfahrungen wieder aufleben lassen und auf den Ort des Geschehens übertragen mit dem Ziel, die Identifikation mit der Inszenierung zu steigern. *Deutsche Touristen kann man bei einer Gondelfahrt im Venetian Hotel & Casino immer wieder mit Sätzen wie »Ganz wie in Venedig, nur sauberer!« hören.*

- **Expeditionen ermöglichen:** Den Gast auf eine kontrollierte Reise ins Unbekannte schicken mit dem Ziel, ihn ein Abenteuer ohne Risiko erleben zu lassen. *Einmal Fugo essen … und nicht sterben.*

- **Finten und Täuschungsmanöver:** Ablenkungsmanöver und Versteckspiel mit dem Ziel, den Gast neugierig zu machen, auf die Folter zu spannen und bei der Stange zu halten. Gerne auch im Thriller genutzt. *Worum geht es eigentlich? Und was ist mit …?*

- **Spannungsbogen aufbauen:** Einteilung der Story in die

sieben Elemente Auftakt, Explosion, Vernetzung, Höhepunkt, Reflexion, Schluss und Ausklang mit dem Ziel, den Gast gezielt die Handlung nicht nur erleben, sondern durchleben zu lassen.

■ **Blickwinkel verändern:** Die Veränderung der Perspektive des Betrachters mit dem Ziel, neue Sichtweisen, Bewertungen und Erkenntnisse zu gewinnen. *In dem Zimmer, das wie eine Gefängniszelle eingerichtet war, befand sich die Toilette direkt am Fußende der wenig bequemen Pritsche. Gewöhnungsbedürftig ...*

**Stabilisierung, Sicherheit, Ordnung**

Die nächsten vier Prinzipien dienen der Stabilisierung, sie schaffen ein Gefühl der Sicherheit und Ordnung:

■ **Ab in die Schublade:** Dem Gast die Möglichkeit und die Hilfsmittel geben, das Erlebte zu ordnen und zu strukturieren, mit dem Ziel, sich besser zu orientieren und Abläufe zuordnen zu können. *Alles ist an seinem Platz.*

■ **Mit auf die Reise nehmen:** Den Gast in erzählerischer Weise durch einen Raum bzw. Schauplatz führen mit dem Ziel, ihn die Dimensionen ermessen zu lassen und gedanklich voranzuschreiten.

■ **Die gute Adresse:** Die soziale Bewertung eines Ortes, eines Angebotes oder einer Person durch das Umfeld aufwerten mit dem Ziel, Prestige zu vermitteln. *Das neue Restaurant von N. N. liegt am Viktualienmarkt, einer der Top-Lagen Münchens ...*

■ **Territorien abstecken:** Gebiete und Themen markieren und abstecken mit dem Ziel, sie für sich bzw. den Gast in Besitz zu nehmen und dem Gast eine klare Abgrenzung zu ermöglichen. *Die neue Lounge im Obergeschoss steht nur ausgewählten VIP-Gästen offen.*

**Vereinheit-lichung**

Drei dramaturgische Kunstgriffe können eingesetzt werden, um Elemente der Inszenierung miteinander zu verbinden und zu vereinheitlichen:

■ **Thematisieren:** Die Thematisierung beschäftigt uns als Grundgedanke dieses Buches. Durch das Zusammenfassen aller Inszenierungselemente unter einem übergeordneten Thema entsteht eine inszenierte Welt, die es dem Gast erlaubt, dem Alltag zu entfliehen und darin abzutauchen.

■ **Der gemeinsame Rahmen:** Das Zusammenfassen unterschiedlicher Elemente, die keinen thematischen Bezug zueinander haben, durch ein gemeinsames Ordnungsprinzip, mit dem Ziel, dem Gast eine Orientierungshilfe zu bieten. »Empfehlung des Hauses« auf der Speisekarte.

- **Das Ganze ist mehr als die Summe seiner Teile:** Ein Ensemble schaffen, um ein optimales Zusammenspiel der einzelnen Komponenten zu garantieren. *Unsere besondere Menü-Empfehlung …*

Bei den restlichen sieben Konzepten handelt es sich um Erklärstrategien. Sie sorgen dafür, dass die Inszenierung uns das Leben, oder zumindest die offenen Fragen der inszenierten Story, in anschaulicher Weise erläutert. Dramaturgisches Erklären ist laut Mikunda für den Gast wesentlich interessanter und spannender als didaktisches Erklären, das als belehrend empfunden wird.

*Aufklärung, Erklärung*

- **Wer bin ich?** Hierbei handelt es sich um Handlungselemente, die vorhandene, aber verborgene Eigenschaften eines Produktes oder eines handelnden Charakters sichtbar machen. Das Ziel ist, dass der Gast darin ein Bekenntnis wahrnimmt und die so gewonnene Erkenntnis für die eigene Bewertung nutzt. *Das Innere offenbaren.*

- **Das Gleichnis:** Hierbei wird Unbekanntes oder Unverständliches mit Bekanntem gleichgesetzt mit dem Ziel, die Verständlichkeit eines Ablaufs für den Gast zu erhöhen. *Das ist so wie …*

- **Der Vergleich:** Dabei werden Objekte und ihr Image in Beziehung zueinander gesetzt mit dem Ziel, sie emotional einschätzbar zu machen. Eine Variation davon ist der Vorher/Nachher-Vergleich, der eine bestimmte Wirkung mit einer Emotion verbindet und dem Gast das Gefühl von Einschätzbarkeit und Sicherheit gibt.

- **Die Simulation:** »Sandkastenspiele« werden als Denkmodelle genutzt, um Abläufe in verschiedenen Varianten zu veranschaulichen mit dem Ziel, sie besser verständlich zu machen.

- **Überzeugungskraft des Augenscheins:** Seeing is believing – Hyperrealismus und authentische Details werden präsentiert, um Glaubwürdigkeit zu schaffen. *Belastungstests bei Ikea, die nicht im Labor, sondern mitten im Geschäft automatisiert ablaufen.*

- **Klassifizieren:** Etwas in einen Gesamtzusammenhang einordnen mit dem Ziel, dem Gast eine Standortbestimmung zu ermöglichen. *Wegweiser mit eingezeichnetem Standort.*

- **Der Ratschlag:** Durch mehr oder weniger autoritäre Verhaltensmuster, Warnungen und Versprechen werden Verhaltensregeln vermittelt mit dem Ziel, dem Gast eine (gelenkte) Entscheidungskompetenz zu vermitteln. *Die drei roten Chili-Symbole neben dem Gericht auf der Speisekarte warnen: Vorsicht, scharf!*

Spannend an den Forschungsergebnissen von Mikunda sind aber nicht allein diese 24 Kunstgriffe der Dramaturgie, die sich in der einen oder anderen Form in allen Inszenierungen wiederfinden, sondern auch die Erkenntnis, dass diese Kunstgriffe auf der Kombination von sieben Basismechanismen beruhen, die wir im nächsten Abschnitt beleuchten.

> *»Kunstgriffe entstehen immer dann, wenn eine Eigenschaft, die im Basismechanismus enthalten ist, verstärkt wird, um so ein strategisches Ziel zu erreichen.«*
>
> Christian Mikunda, Der verbotene Ort, S. 211

**Aufgabe**

Überprüfen Sie Ihre Story, Ihre Dramaturgie: Welche der dramaturgischen Kniffe setzen Sie gezielt ein? Wie können Sie auch die Kunstgriffe nutzen, die Sie bislang nicht berücksichtigt haben? Suchen Sie nach Möglichkeiten, so Ihre Dramaturgie zu optimieren!

## 5.3.2 Methoden zur Involvierung und Aktivierung der Gäste

Christian Mikunda führt die vorgestellten dramaturgischen Kunstgriffe in seinen Büchern auf sieben grundsätzliche Methoden zurück, die geeignet sind, den Gast einzubeziehen, und die dafür sorgen, dass er sich mit dem Thema der Inszenierung auseinandersetzt und identifiziert. Die Kunstgriffe beruhen dann auf der Kombination und gegenseitigen Verstärkung dieser Grundmuster. Ich habe diese Grundmuster bereits in Kapitel 1 kurz erwähnt und möchte sie hier nun detaillierter vorstellen.

## Brain Scripts

Hier geht es darum, erlernte Drehbücher im Kopf anzuregen und ablaufen zu lassen.

Bei Brain Scripts kann es sich um große »mythische« Themen wie den Kampf von Gut gegen Böse handeln, die aus der Weltliteratur bekannt sind, sie können aber auch auf Alltagserfahrungen zurückgreifen oder erlernte Verhaltensweisen aufgreifen. Um diese Drehbücher zu aktivieren, muss sich der Gast in der Situation zurechtfinden und wird dann etwaige Lücken oder Abweichungen im Gesamtbild durch das aktivierte Drehbuch unbewusst schließen. Er fühlt sich eingeweiht.

Drehbücher
im Kopf

Die Story darf also nicht komplett erzählt werden, sondern muss Lücken aufweisen, in denen der Gast selbst »aktiv« wird. In diesem Moment beginnt das Drehbuch abzulaufen. Damit wird er entweder selbst zum Teil einer mythischen Handlung – oder er kann in der Auflösung einer alltäglichen Situation gezielt auf Besonderheiten aufmerksam gemacht werden.

Brain Scripts werden aktiviert, wenn man dem Zuschauer zu denken gibt, ihn mit Widersprüchen konfrontiert, mit der Häufung oder Überbetonung eines Motivs oder auch dadurch, dass man zwar das (unerwartete) Resultat eines Prozesses zeigt, nicht aber seine Entstehung. Läuft das Brain Script, so fühlt sich der Zuschauer eingeweiht, wird zum Teil des Geschehens.

## Inferential Beliefs

Während sich Brain Scripts vor allem um Abläufe kümmern, geht es bei Inferential Beliefs (»abgeleitete Meinungen«) um Bilder und um Image. Wir schließen von einzelnen, häufig bildhaften Wahrnehmungen auf verborgene Eigenschaften des Gegenübers oder des Angebotes, da wir Vertrautes wiederzuentdecken glauben.

Image
und Bilder

Das bedeutet, dass bereits der erste Eindruck entscheidet, wie der Gast (unbewusst) seinen Aufenthalt wahrnimmt – und diese Wahrnehmung steuert in der Folge auch seine Erwartungshaltung für die künftigen Geschehnisse:

- Wer in ein Restaurant kommt, edle Tischwäsche, ein ansprechendes Interieur vorfindet und von einem adrett gekleideten, attraktiven »Host« zum Tisch geführt wird, dabei vielleicht noch mit Namen angesprochen wird, wird von diesen ersten Eindrücken automatisch auf den weiteren Verlauf des Abends und die Qualität der Speisen schließen.

- Der Budget-Reisende wird sich hingegen fragen, ob er die richtige Unterkunft gewählt hat, wenn er beim Check-in alles in Pomp und Prunk vorfindet.

Es reicht sogar aus, Personen ein Foto vorzulegen, damit sie sich bereits ein weitergehendes Bild machen und auf das Image schließen, das sie damit verbinden. Auslöser für diese Meinungsbildung sind primäre Triebe (wie Sexualität, Aggression, Hunger …), soziale Signale (wie Ordnung und Sauberkeit) sowie ästhetische Signale (wie Schönheit und Gestaltung).

**Setzen Sie keine falschen Signale**

Vorsicht daher: Falsche Signale rufen falsche Einschätzungen bei Ihren Gästen hervor! Aufgabe der Inszenierung ist es, diese Fallen zu erkennen und Bilder und Reize gezielt so zu nutzen, dass der gewünschte Eindruck beim Gast entsteht.

Das wahrgenommene Image und die damit suggerierten Eigenschaften, die Inferential Beliefs, können dabei sehr vielschichtig sein, da hier ganze Assoziationsketten beim Gast ablaufen können. Mehr noch: Sie beruhen nicht nur auf dem optischen Eindruck, sondern auch auf akustischen und unter Umständen haptischen Wahrnehmungen. Daher muss die Inszenierung auch diese Bereiche berücksichtigen.

## Cognitive Maps

**Geistige Landkarten**

Als Cognitive Maps werden geistige Landkarten bezeichnet, über die der Gast die Orientierung in dem ihm fremden Raum, der inszenierten Welt, behält. Im Fall des Henssler & Henssler (siehe Beispiel Seite 27) ist es wichtig, dass dem Gast gleich der Blick über das gesamte Restaurant ermöglicht wird und auch die Küche offen ist.

Freizeitparks sind häufig so angelegt, dass der Besucher zunächst durch ein Tor schreitet (das symbolisiert, dass ab hier eine neue Welt betreten wird) und dann einer langen Allee zu einem zentralen Platz folgt, die auch visuell einen tiefen Einblick erlaubt. In Disneyworld steht an dieser Stelle das zentrale Märchenschloss. Abgehend vom zentralen Platz verzweigen Wege sternförmig in alle Länder und zu allen Attraktionen. Diese Struktur lässt sich leicht einprägen und leitet den Besucher fortan, hilft ihm, den Überblick zu bewahren und die Komplexität der unbekannten Welt zu reduzieren.

Nun ist es nur in wenigen Fällen möglich, Hotels und Restaurants so zu gestalten, dass sich eine solche klare Strukturierung ergibt. Eher noch wird diese räumliche und funktionale Strukturierung noch bei der Planung von Veranstaltungen wie dem Oktoberfest, Food-Festivals wie »Taste of London« oder dem traditionellen Weihnachtsmarkt vor dem Hamburger Rathaus möglich sein. Trotzdem ist es entscheidend, dass sich der Gast in der gewählten Umgebung heimisch fühlt. Hier muss die Dramaturgie dafür sorgen, dass alle relevanten Informationen zur Verfügung stehen und sich im Gedächtnis des Gastes verankern.

Zwei Beispiele aus dem Hotel-Bereich, die zeigen, wie unterschiedlich die Unterstützung des Gastes sein kann, was den Aufbau solcher kognitiver Landkarten betrifft:

Bei der Übernachtung in einem Berliner Hotel war klar, dass ich aufgrund von Verpflichtungen an den ersten Tagen nicht im Hotel frühstücken würde. Dementsprechend wurde mir auch nur mein Schlüssel ausgehändigt und der Weg zum Fahrstuhl gewiesen. Obwohl ich später während meines Aufenthaltes durchaus gerne im Hotel gefrühstückt hätte, wurde es versäumt, mich auf die Örtlichkeiten und die Frühstückszeiten hinzuweisen. Auch die Möglichkeit, andere Räumlichkeiten und Services in Anspruch nehmen zu können, wurde nicht angesprochen. In der Gästemappe wurden zwar beispielsweise ein Aufenthaltsraum und eine Möglichkeit zur Fahrradausleihe erwähnt – aber auch hier fehlten klare Hinweise. Der Gast wird so der Möglichkeit beraubt, sich eine Gedächtniskarte zurechtzulegen, und wird daher bestimmte Angebote gar nicht oder nur mit höherem Aufwand in Anspruch nehmen.

Anders im Motel 6 Tropicana in Las Vegas: Dieses Motel besteht aus einer schier unüberschaubaren Vielzahl von Gebäuden. Beim Check-in in der Rezeption nahm die Angestellte jedoch einen gedruckten Lageplan und zeichnet nicht nur die Lage meines Zimmers und die sinnvollste Parkmöglichkeit für den Mietwagen ein, sondern mit Pfeilen und Strichen auch den Weg vom Zimmer zur nächsten Eismaschine, den Vending Machines, den Waschmaschinen, dem Swimmingpool und dem auf dem Gelände befindlichen Shop, in dem es am Morgen auch »complimentary coffee« geben würde. Anschließend drückte sie mir den so ergänzten Plan zusammen mit meiner Keycard und den Buchungsunterlagen in die Hand und wies mich darauf hin, einfach die Rezeption anzurufen, wenn ich weitere Fragen oder Wünsche habe. Der Plan machte es wesentlich einfacher, sich auf dem Gelände zurechtzufinden, und die von ihr vor meinen Augen eingezeichneten Pfeile und Hinweise sorgten dafür, dass gleich eine kognitive Landkarte in meinem Gedächtnis entstand. Natürlich erleichtert dies dem Gast, bestimmte Angebote in Anspruch zu nehmen und sich in der inszenierten Welt zu bewegen.

Aber nicht nur die örtlichen Gegebenheiten fallen in den Bereich der Cognitive Maps: Auch die Speisekarte und andere Unterlagen, die dem Gast zur Verfügung gestellt werden, sollten so aufbereitet werden, dass sie einen schnellen, klaren Überblick erlauben und sich der Gast die Informationen in einer geistigen Landkarte gut merken kann.

Selbst die Frage der Beschilderung und die gezielte strategische Platzierung von markanten Elementen fällt in diesen Bereich: »Die Toilette? Einfach hinter dem Planwagen rechts die Treppe runter!«

Aufgabe solcher virtueller Landkarten ist auch die Trennung unterschiedlicher funktionaler Räume und Territorien, ohne den Gast explizit darauf hinweisen zu müssen. Gerade in größeren »Welten« ist es wichtig, eine solche Untergliederung zu schaffen.

All diese Funktionen helfen, damit sich der Gast nicht verloren und ausgegrenzt vorkommt, sondern sich im Gegenteil als Teil der Inszenierung und als Eingeweihter begreift. Damit übernehmen Cognitive Maps eine weitere Funktion: Sie bilden Beziehungen ab – Beziehungen zwischen Orten, zwischen Objekten, zwischen Konzepten und zwischen Menschen.

## Time-Line

**Der Gast bezahlt mit seiner Zeit**

Zeit ist ein wertvolles Gut in unserer immer hektischer werdenden Gesellschaft – und es ist die Währung, in der der Gast (neben der finanziellen Ebene) den Anbieter entlohnt, wenn er ihn mit seinem Besuch beehrt.

Zeit ist zugleich ein merkwürdiges Gut: Man kann es nicht festhalten, nicht sammeln oder aufsparen. Man kann auch jede gegebene Minute nur einmal »nutzen«. Trotzdem – oder gerade deswegen – haben viele Menschen den Eindruck, mal würde die Zeit ihnen zwischen den Fingern zerrinnen, mal dahinschleichen und so gar nicht vergehen wollen.

Es liegt im Interesse jedes Gastes, seine Zeit möglichst sinnstiftend und nutzbringend zu gestalten – nichts ist schlimmer, als wenn er das Gefühl bekommt, während seines Aufenthaltes wertvoller Zeit beraubt worden zu sein. Auf der anderen Seite kann der Anbieter einiges im Rahmen der strategischen Dramaturgie unternehmen, damit der Gast das Gefühl bekommt, seine Zeit sei gut investiert.

**Die Time-Line des Gastes berücksichtigen**

Mikunda spricht davon, dass sich der Gast entweder fremdbestimmt oder selbstbestimmt fühlen kann, was sein Zeitempfinden während seines Besuches betrifft. Die Inszenierung sollte also die persönliche Time-Line des Gastes berücksichtigen und seine Zeit optimal nutzen – ihm das Gefühl geben, über seine Zeit selbst zu verfügen.

Wie dies geschieht, ist von den Erwartungen und Bedürfnissen des Gastes abhängig. So kann es sein, dass der Gast im Fast-Food-Restaurant besonders die effizienten Abläufe zu würdigen weiß, da der sich gerade in seiner Mittagspause befindet und nur wenig Zeit hat. Am späten Nachmittag kann derselbe Gast in einem Café sitzen und sich darüber freuen, dass hier die Zeit »draußen« bleibt, nachdem er den ganzen Tag von einem Meeting zum nächsten Termin gehetzt ist. Jetzt genießt er die Ruhe und das Zeitvakuum – und schätzt es gar nicht, wenn das Personal hektisch und gestresst wirkt.

Dem Gast das Gefühl zu geben, seine Zeit werde honoriert und als wertvolles Gut behandelt, ist eine hohe Kunst im Rahmen der strategischen Dramaturgie. Zumal es die unterschiedlichsten Situationen gibt, in denen bewusstes Zeitmanagement gefragt ist:

**Bewusstes Zeitmanagement**

- Manchmal soll der Gast Zeit und Raum einfach vergessen, den Alltag hinter sich lassen können. In Las Vegas schafft man das durch künstliche Himmelsbemalung an Decken und rasche Tag-Nacht-Wechsel, die durch künstliche Beleuchtung erzeugt werden. Die Folge: Der Gast verliert das Zeitgefühl.

- Oftmals sind Wartezeiten zu überbrücken, in denen Langeweile aufkommen kann: Große Vergnügungsparks wie Disneyworld sorgen dafür, dass Gäste, die vor Attraktionen in Warteschlangen stehen, über die voraussichtliche Wartezeit informiert sind (Schilder mit Angaben wie »20 minutes from this point«) und von Animateuren unterhalten werden. So wird Langeweile vermieden, die Zeit vergeht förmlich wie im Flug.

- Sind Abläufe einzuhalten, die mehrere Teilschritte umfassen, fühlt sich der Gast häufig dem Veranstalter ausgeliefert, wenn er nicht über den genauen Ablauf informiert ist. Das gezielte Informieren des Gastes über Reihenfolge und Dauer der einzelnen Schritte gibt ihm das Gefühl, die Kontrolle über »seine« Zeit zurückzuerhalten. Allerdings muss dann natürlich auch dafür gesorgt werden, dass der kommunizierte Zeitplan eingehalten wird.

- Unter Umständen soll der Gast sich wie in einem Zeitvakuum fühlen: Er hat alle Zeit der Welt. Dann gilt es, sämtliche Störfaktoren zu eliminieren.

Die Dramaturgie hat noch weitere Möglichkeiten, die Time-Line zu beeinflussen und den Gast sogar in eine ganz andere Zeit abtauchen zu lassen. So kann das Ankündigen von Ereignissen die Vorfreude steigern und Wartezeiten überbrücken helfen. Diese Ankündigungen können nicht nur in Sprach- oder Textform kommuniziert werden, sondern auch durch Symbole repräsentiert werden.

**Vorfreude steigern, Wartezeiten überbrücken**

Wenn sich im Theater der rote Vorhang bewegt, tut sich schon mal was auf der Bühne – bald geht es also los. Wenn im Henssler & Henssler die Glocke klingelt, dann kommt ein Gericht – vielleicht meins? Und wenn ich in Disneyworld endlich durch den Eingang zur Attraktion gehe und in das Gebäude trete, fällt die bisherige Wartezeit von mir ab – auch wenn ich erkennen muss, dass die Warteschlange sich noch ein Stück weiter durch das Gebäude schlängelt, um dann hinter einer Wand zu verschwinden.

In den meisten Fällen bedeutet gut genutzte Zeit, dass der Gast über die Abläufe informiert ist und weiß, was ihn erwartet. Je mehr sich die Zeit in unterschiedliche Teilerlebnisse zergliedert, umso interessanter die Inszenierung.

Die bereits beschriebene Situation, dass der Gast die Hektik des Tages vergessen und einfach die Seele baumeln lassen will, ist eine Ausnahme, bei der zu viel Interaktion mit dem Gast das Erlebnis beschädigen kann.

## Antizipation

Erwartungen aufbauen, Spannung erzeugen

Eine Inszenierung soll spannend sein, ein Erlebnis bieten. Spannung entsteht durch den Aufbau einer Erwartungshaltung. Ihr gegenüber steht der Moment der Auflösung und der Entspannung. Zwischen diesen beiden Punkten wird der Betrachter im Unklaren gelassen – es erfolgt eine Verzögerung.

Das Prinzip kennt man aus jedem Thriller: Es wird Spannung aufgebaut, der Held gerät in schier aussichtslose Situationen, um dann am Ende doch die Oberhand zu gewinnen.

Die Dramaturgie hat also die Aufgabe, Erwartungen zu wecken und Spannung aufzubauen. Das kann durch verschiedene Konzepte erfolgen:

- **Teaser:** Das Prinzip der Vorankündigung kennt man aus vielen Bereichen – der Trailer im Kino, der Programmhinweis im Fernsehen, die Ankündigung des Moderators, im Laufe der Veranstaltung werde noch eine Reise unter den Gästen verlost – Teaser können aber auch ganz andere Formen annehmen: Der »Gruß aus der Küche« ist der Appetitanreger und zugleich das Versprechen zu mehr. Die Fotos der Hotelsuite und der Lobby im Internet und im Prospekt sind Teaser, die Erwartungen für den Besuch wecken. Und lief da nicht gerade ein Clown durch den Raum? Ich bin jetzt echt mal gespannt, was uns heute Abend alles geboten wird!

- **Cliffhanger:** Gerade rast der Held in einer halsbrecherischen Verfolgungsjagd die Serpentinen der Bergstraße hinunter, dicht verfolgt von den Bösen, die längst das Feuer auf ihn eröffnet haben. Ein Wunder, dass er bei diesen engen Kurven überhaupt noch die Kontrolle über den Wagen behält. Andere Kameraeinstellung: Ein Tankwagen quält sich die Bergstraße hinauf. Schnitt auf den Helden und seine Verfolger. Zurück zum Tankwagen. Held. Verfolger. Tankwagen. Held. Tankwagen … Wir wissen, was jetzt passiert – es folgt die Werbeunterbrechung! Das Privatfernsehen hat die Funktion des Cliffhangers perfektioniert, indem Filme bewusst so inszeniert und geschnitten werden, dass Cliffhanger die Werbepausen überbrücken. Der Zuschauer soll schließlich nicht in Versuchung geraten, umzuschalten und so etwas Wichtiges (die Werbung!) zu verpassen. Aber Cliffhanger werden in allen Fortsetzungsgeschichten eingesetzt – und sie können auch in Gastronomie und Hotellerie eingesetzt werden, beispielsweise als Klammer zwischen zwei Besuchen.

- **Suspense:** Die berühmte Duschszene in Hitchcocks »Psycho« lebt davon, dass der Zuschauer mehr weiß als das arme Opfer in der Dusche. Dieser Wissensvorsprung baut Spannung auf. Es ist genau das gleiche Prinzip, das Kinder im Kasperletheater aufschreien lässt, da sie das Krokodil längst erspäht haben, während Kasperle noch ahnungslos ist und sich partout nicht umdreht, um die Gefahr zu erkennen. Im obigen Beispiel für einen Cliffhanger weiß der Zuschauer von dem Tanklaster, nicht aber der Held – Suspense. Ein solcher Wissensvorsprung kann auch in der Inszenierung genutzt werden, um Spannung zu erzeugen: »Das Gericht wird auf der heißen Grillplatte serviert und vor den Augen des Gastes zubereitet.« »In jeder unserer Suiten finden Sie unser Gute-Nacht-Set für eine angenehme Nacht und einen erholsamen Schlaf.« – Hier ist Wissensvorsprung gegeben, aber solange der Gast nicht weiß, was sich wirklich hinter dem Angebot versteckt, wird die Spannung aufgebaut und gehalten.

Immer geht es darum, den weiteren Ablauf zu antizipieren und die Erwartungshaltung des Gastes zu beeinflussen. Doch es darf auch nicht vergessen werden, diese Spannung irgendwann aufzulösen. Dies ist dann der Moment der Entspannung, in dem sich entscheidet, ob die geweckte Erwartung erfüllt wurde. Und wenn bis zum Ende der Veranstaltung kein Clown mehr aufgetaucht ist (weil der vielleicht nur auf dem Weg zum Kindergeburtstag im Nebenraum war), dann ist etwas schiefgelaufen und der Gast bleibt in einer unaufgelösten Spannungssituation.

Spannung wieder auflösen

# Sentence Frames

Unter dem etwas merkwürdigen Begriff »Sentence Frames« fasst Mikunda den Aufbau eines Leitsystems für die Inszenierung zusammen. Es gibt dem Zuschauer klare Hinweise auf Anfang und Ende sowie den logischen Zusammenhalt der Inszenierung.

Leitsystem

Ein solches Leitsystem besteht aus drei Bestandteilen, die diesen logischen Zusammenhang herstellen:

- **Auftritt (Anfang):** Er umfasst das Ankündigen und Einlösen von Versprechungen.
- **Abgang (Ende):** Er hat die Aufgabe der Auflösung von Spannung und offenen Fragen und führt zu einer Informationsreduktion.
- **Verbindungen:** Sie sorgen für die kausalen Zusammenhänge zwischen Auftritt und Abgang.

Das so entstehende Leitsystem gibt dem Gast das Gefühl von Sicherheit. Er kann sich orientieren und in der Inszenierung zurechtfinden.

Dabei ist es wichtig, dem Gast zu sagen, was man ihm anschließend präsentieren wird, es ihm dann zu präsentieren und dann das Präsentierte noch einmal zusammenzufassen. Der Auftritt selbst wird inszeniert: Die Sängerin betritt nicht einfach den Raum, sondern wird zunächst angekündigt. Ein Moderator führt durch die Veranstaltung. Am Ende des Konzerts gibt es Zugaben und ein Blumenstrauß wird überreicht. Zum Abschluss werden Autogramme verteilt.

# Media Literacy

Die Spielregeln durchschauen und beherrschen

Hierunter versteht man die Fähigkeit der Gäste, die dramaturgischen Wendungen zu durchschauen. Dahinter steht das menschliche Bedürfnis, zu spielen, Rätsel zu lösen und sich geschickt anzustellen.

Media Literacy steht für das Beherrschen von Spielregeln, wodurch man sich geschickt und clever fühlt. Dieses Gefühl überträgt sich dann auch auf die Inszenierung.

Wer es schafft, Rätsel, Finten und doppelte Böden in die Dramaturgie einzubauen, die die Aufmerksamkeit des Gastes fordern, ihn zum Nachdenken anregen und in der Lösungsphase dazu führen, dass er ausruft: »Ha, ich hab es ja gewusst!«, der sorgt dafür, dass nicht nur der Gast sich als clever, sondern auch die Inszenierung als logisch und folgerichtig empfindet.

Die Bedeutung der Media Literacy liegt darin, dass eine Inszenierung ja immer eine Inszenierung bleibt: Der Gast weiß, dass keine Piraten gegeneinander kämpfen, dass die Konkurrenz ebenso mit dem besten Espresso der Welt wirbt und dass die Marmorsäulen aus Gips sind. Die Media Literacy sorgt dafür, dass der Gast bei einer guten Inszenierung trotzdem das Gefühl hat, es könnte ja so sein, während er schlechte Inszenierungen rasch durchschaut und als unglaubwürdig zerlegt.

Ziel ist es hier also, den Gast zum Komplizen zu machen.

**Aufgabe**

Überprüfen Sie, wo diese sieben Basismuster bereits in Ihrer Inszenierung zum Einsatz kommen und wo Sie die Wirkung verstärken können, indem Sie diese Prinzipien stärker integrieren!

# 5.4 Magische Momente:
## Was Sie von Zauberkünstlern lernen können

Ob Bühnenmagier oder Close-up-Zauberer: Zauberkünstler müssen perfekte Illusionisten sein. Schließlich wäre es ziemlich aufwendig und wenig ratsam, die Jungfrau auf der Bühne wirklich zu zersägen.

Schon der Begriff »Zauberkünstler« ist Programm: Der erste Wortbestandteil findet sich auch in »verzaubern« und »bezaubern« wieder – jemanden verzaubern bedeutet, ihn in eine fantastische Welt zu entführen. »Künstler« wiederum deutet darauf hin, dass es sich um eine Kunst handelt – Zauberkunst. Aber auch, dass die Wahrnehmung des unbedarften Zuschauers künstlich manipuliert wird.

Die Zauberkunst (auch Zaubern, Magie) ist die Kunst, Illusionen entstehen zu lassen, die hauptsächlich durch Kommunikation mit dem Betrachter zustande kommen. Von Zauberkunst spricht man seit dem 18. Jahrhundert, aber als das erste bekannte Buch, in dem konkrete Zauberkunststücke professioneller Gaukler beschrieben werden, gilt *The Discoverie of Witchcraft* von Reginald Scot aus dem Jahr 1584. Die Zauberkunst hat damit neben dem

Theater und der Monarchie vielleicht die längste Historie im Hinblick auf perfekte Inszenierungen.

Waren es zunächst reisende Gaukler und Taschenspieler, die teilweise nicht nur auf Unterhaltung der Zuschauer aus waren, sondern beispielsweise auch durch Falschspiel ihren Lebensunterhalt bestritten, so entwickelte sich die Zauberkunst im 19. Jahrhundert immer mehr zur Bühnenkunst. Ende des 19. Jahrhunderts kamen die ersten Großillusionen auf und es entstanden vermehrt Zaubertheater. Unter dem Begriff der Bühnenmagie fasst man Kunststücke zusammen, die von der Größe der Requisiten her für ein großes Publikum geeignet sind.

**Wenige Grundprinzipien**

Jeder Zauberkünstler kocht nur mit Wasser, die meisten Tricks beruhen auf einer überschaubaren Zahl von Grundprinzipien. Trotzdem ist es das Ziel, dass das Publikum die Zaubertricks nicht durchschaut. Sich ein wenig mit der Arbeitsweise von Zauberkünstlern zu beschäftigen hilft daher, auch die eigene Inszenierung wirkungsvoller und glaubwürdiger zu gestalten.

## 5.4.1 Copperfield und Co.: Zaubershows als perfekte Inszenierungen

Wer an Zauberkünstler denkt, dem fallen zumeist Namen wie David Copperfield, Hans Klok, Lance Burton und Siegfried & Roy oder vielleicht noch Harry Houdini ein.

Hier ist es die Bühnenshow, die das Publikum fesselt. Es verwundert nicht, dass diese Stars die Bühnentechnik, die wir bereits im vorangegangenen Kapitel thematisiert haben, für ihre Zwecke perfektioniert haben. Bei der Bühnenshow eines Top-Magiers ist nichts dem Zufall überlassen:

- Bühnenaufbau
- Blickwinkel der Zuschauer auf die Bühne (bei Copperfield-Shows sind zum Teil Sitzplätze rechts und links der Bühne abgesperrt – offiziell natürlich nur, um den Zuschauern eine perfekte Sicht auf das Bühnengeschehen zu ermöglichen)
- Licht und Beleuchtungseffekte
- Sound und Musikuntermalung

Auch aufwendige Videoprojektionen und sogar Klimaeffekte werden beispielsweise bei Copperfield-Shows eingesetzt, um die Wirkung für die Zuschauer zu verstärken.

Aber die Zauberkunst beschränkt sich nicht nur auf die großen

Bühnenshows. Verschiedene Unterarten der Zauberkunst adressieren spezielle örtliche Gegebenheiten, aber auch die Interessen spezieller Zielgruppen. So unterscheidet man neben der Bühnenmagie mit Großillusionen insbesondere:

■ **Straßenzauberei:** Die Nachfahren der Taschenspieler und Gaukler sind die Straßenkünstler. Sie müssen in der Lage sein, unter manchmal schwierigen Bedingungen, etwa umringt von Passanten oder bei widrigem Wetter, ihr Publikum anzulocken.

■ **Zauberei mit Musikuntermalung:** Mit das wichtigste Instrument eines Zauberkünstlers ist sein Vortrag, der die Fantasie der Zuschauer anregt und sie von seinen Geheimnissen ablenkt. Als der Zauberkünstler Theodore Bamberg infolge eines Unfalls stumm wurde, »erklärte« er sein sprachliches Unvermögen, indem er die Rolle eines Japaners »Okito« annahm und um die Jahrhundertwende als Erster zu Musikbegleitung zauberte. Hieraus entwickelte sich ein eigenes Genre, dessen Ästhetik und Kommunikation besonderen Gesetzen folgen.

■ **Manipulation:** Manipulateure im engen Sinne sind Bühnenkünstler, die sich in erster Linie auf das Geschick ihrer Hände verlassen. Sie zaubern daher überwiegend mit handlichen Gegenständen, typischerweise zu Musikbegleitung.

■ **Tischzauberei** (Mikromagie, Close-up-Magie): Kunststücke, die wegen kleinerer Requisiten nur aus kurzer Distanz verfolgt werden können, werden meist als »close up« bezeichnet. Der besondere Reiz für die Zuschauer ist die Nähe, die scheinbar das »Schummeln« erschwert. Typische Close-up-Requisiten sind Karten und Münzen. Aus den USA kommend hat sich in den letzten Jahren auch hierzulande das sogenannte »Table Hopping« etabliert, bei dem der Zauberkünstler von Tisch zu Tisch wandert und so sein Publikum individuell und schrittweise verzaubert.

■ **Kartenkunst:** Kunststücke mit Spielkarten sind sowohl auf der Bühne als auch am Tisch möglich und so zahlreich, dass die Zauberkünstler die Kartenkunst als eigene Sparte betrachten. Kartentricks gelten als die verbreitetste Form der Zauberkunst überhaupt.

■ **Mentalmagie:** Unter Mentalmagie versteht man die Imitation angeblich parapsychologischer Phänomene durch Tricks, etwa scheinbares Gedankenlesen, die scheinbare Vorhersage von Ereignissen oder Spukeffekte zu Unterhaltungszwecken. Sie entstammt dem Erbe falscher Spiritisten und trickreicher Scharlatane. Da einige Mentalkünstler aus dramaturgischen Zwecken oft nicht extra betonen, dass sie Zauberkünstler sind, und sehr raffinierte Tricks anwenden, können Zuschauer nicht ohne Weiteres beurteilen, ob das Gesehene ernst zu nehmen ist oder nicht.

- **Comedy-Zauberei:** Die meisten Zauberer, gleich welcher Sparte, setzen bei ihren Shows auf Humor. Bei der Comedy-Zauberei bildet dies den Schwerpunkt, wobei die Tricks meist zur Nebensache werden. Oft werden klassische Zauberkunststücke parodiert, Tricks gehen scheinbar schief usw.

- **Kinder-Zauberei:** Ebenfalls eine besondere Präsentationsform ist das Zaubern vor Kindern, dem treuesten Zaubererpublikum. Kindern ist klar, dass der Zauberer nicht wirklich zaubern kann. Gefragt sind hier Künstler mit gutem Einfühlungsvermögen für kindgerechte Vorstellungswelten und temperamentvolle Reaktionen.

Als weitere **Randgebiete** der Zauberkunst zählen Sensationsdarsteller und Kuriositätenkünstler wie Entfesselungskünstler, Fakire, trickreiche Zirkus-Attraktionen und Bühnentaschendiebstahl.

All diese Varianten der Zauberkunst leben davon, dass die Performance auf die speziellen Gegebenheiten des Ortes und/oder die besonderen Anforderungen für eine bestimmte Zielgruppe oder Situation abgestimmt wird. So sind Kinder als Publikum ganz anders zu behandeln als Erwachsene (und glauben beispielsweise nicht automatisch, dass ein Kartenspiel aus lauter unterschiedlichen Karten besteht). Manche Effekte lassen sich zudem nur im direkten Kontakt mit dem Zuschauer erzielen und verlieren auf der Bühne ihre verblüffende Wirkung, während andere Bühnenkunststücke darauf angewiesen sind, dass die Zuschauer eine bestimmte Distanz und einen definierten Blickwinkel zum Geschehen haben.

### Tipp

Close-up-Magie ist eine Spielart der Zauberkunst, bei der Magier und Publikum sehr engen Kontakt zueinander haben. Eine besondere Form der Close-up-Magie ist das Table Hopping. Es wird häufig in Verbindung mit einem Dinner aufgeführt. Der Zauber geht mit wenigen Requisiten von Tisch zu Tisch, um dort seine Kunststücke vorzuführen. Während alle anderen Zuschauer essen oder auch einer anderen Unterhaltung auf der Bühne folgen, genießt ein einzelner Tisch jeweils quasi eine private Vorführung. Close-up-Magie eignet sich daher sehr gut, um einen Event »aufzupeppen«, während die Gäste ein Abendessen genießen oder einer eher länglichen Veranstaltung folgen.

## 5.4.2 Nichts ist, wie es scheint

Für den Gast ist bei einer Zaubershow von vornherein klar, dass alles Illusion sein wird. Trotzdem ziehen Zauberkünstler ein breites Publikum an. Die meisten wollen dabei nicht nur unterhalten werden, sondern werden auch von der Neugier getrieben. Sie hoffen auf die Chance, doch hinter einen Trick zu kommen ... und wenn nicht: Seeing is believing!

Das gleiche Prinzip gilt auch für den Zauberkünstler – seeing is believing! Er muss die Zuschauer im Glauben lassen, sie würden die Rahmenbedingungen kennen. Physikalische Prinzipien können nicht auf den Kopf gestellt werden – oder doch? Ein versiegeltes Kartenspiel besteht aus 52 unterschiedlichen Karten. Und bei den Karten, die gerade aus der Jackentasche gezogen wurden, handelt es sich um die gleichen, die dort vor wenigen Sekunden abgelegt wurden. Wenn ich den Gast bitte, aus drei verdeckt liegenden Karten eine auszuwählen, hat er die freie Wahl. Und Requisiten sind immer das, was sie scheinen, und können gar keine Geheimfächer haben.

Vielmehr sind es eher unerklärliche Phänomene, geheimnisvolle Mächte und magische Kräfte, die einen Trick möglich machen. Im Grunde könnte der Zauberer auch nackt vor Ihnen stehen und die Tricks vorführen – aber das wollen Sie lieber gar nicht sehen. Oder kann er etwa doch nicht?

**Ihr Erfolgspotenzial**

Das Prinzip des »Nichts ist, wie es scheint« ist auch eines der Grundprinzipien einer packenden Inszenierung: Wäre alles klar, würde es keine Geheimnisse und keine unerwarteten Wendungen geben, dann wäre die emotionale Bindung des Gastes gleich Null. Bereiten Sie also alles dafür vor, dass Sie dem Gast die Magie der Inszenierung plastisch vorführen können.

## 5.4.3 Regel Nummer 1: Verraten Sie nie Ihre Tricks

Jeder Magier lernt als Erstes, seine Tricks nicht zu verraten. Nie, unter keinen Umständen. Dies ist das eherne Gesetz der Magischen Zirkel.

Je mehr Personen den Trick kennen, umso mehr verliert er seine Faszination. Er nutzt sich ab, taugt irgendwann nur noch für den Hobbyzauberer und steigt zum Taschenspielertrick ab, mit dem Ahnungslose an der Bar dazu gebracht werden, die nächste Runde zu zahlen.

Daher lautet auch für Sie: Verraten Sie nie Ihre Tricks!

Was das in übertragenem Sinne in der gastronomischen Praxis bedeutet, lässt sich durch die schon mehrmals angesprochene Inflation der Coffeeshops illustrieren. Tatsächlich ist die größte Konkurrenz für Starbucks und Co. nicht durch die professionelle Konkurrenz entstanden, sondern durch die »Amateure«, die sich mit immer günstiger werdenden Espressomaschinen und Espresso-Systemen mittlerweile selbst den Trick beibringen können, etwas Besseres zu produzieren als klassischen Filterkaffee. Und da in jedem Büro mittlerweile ein Kapselautomat steht, ist es kein Wunder, dass die Coffeeshops mit ihrem »Trick« nicht mehr wirklich punkten können.

**Die Aura des Geheimnisvollen**

Dass Restaurants, Konditoreien und viele Köche die Rezepturen bestimmter Gerichte und Erzeugnisse geheimhalten, hat neben dem Ansatz, Nachahmungen zu vermeiden, auch einen »magischen« Hintergrund: Der Hinweis auf das Geheimnis umgibt das Produkt mit einer besonderen Aura – ein Aspekt von Inszenierung, der von vielen Anbietern aktiv vermarktet wird (Original Sachertorte, die Barbecue-Soße mit dem Geheimgewürz, Großmutters Kräuterlikör …).

## 5.4.4 Technische Hilfsmittel und optische Illusionen

Der Zauberkünstler ist vor allem eines: präpariert. Und das im doppelten Wortsinn. Er nutzt die technischen und handwerklichen, aber auch optischen und psychologischen Verfahren zu seinem Vorteil.

Der Bühnenmagier nutzt das gesamte Repertoire der Bühnentechnik wie in Kapitel 4 präsentiert: Beleuchtungstechnik, Tontechnik, zum Teil sogar Klimatechnik, er arbeitet mit speziell abgestimmten Bühnenbildern, mit Requisiten und Special Effects. Und er nutzt die Besonderheiten der Technik, um Effekte zu erzielen, die aus Sicht der Zuschauer unmöglich oder doch zumindest unglaublich erscheinen und den Gesetzen der Physik zu widersprechen scheinen, in der Realität aber doch erst von diesen ermöglicht werden.

## 5.4.5 Storytelling

Kein Zauberkünstler, der sein Publikum nicht vor jedem Trick in das (scheinbare) Szenario einführen würde. Dabei kommt immer wieder Storytelling zum Einsatz, das sich hart am Rande der Glaubwürdigkeit bewegt (und diese Grenze auch bewusst überschreitet).

Das Storytelling dient dazu, den Zuschauer in die Welt des Effektes einzuführen, aber zugleich besteht die Kunst darin, gerade die wirklich entscheidenden Dinge auszulassen. Er wird eben nicht deutlich darauf hinweisen, dass ein Kartenspiel aus lauter unterschiedlichen Karten besteht, wenn es diesmal nicht der Fall ist, sondern er wird dies den Zuschauern nur suggerieren – sie werden gar nicht auf die Idee kommen, dies hier und jetzt in Frage zu stellen.

Aber auch die Requisiten erzählen eine Story: Die Augenbinde ist blickdicht, die Handschellen echt und das Wasser in der Karaffe ist Wasser in einer Karaffe. Wiedererkennungseffekte sorgen dafür, dass Eigenschaften für gegeben angesehen werden.

So baut der Magier die Story für die nächsten Tricks auf und lässt Zweifel nur dann aufkommen, wenn er weiß, dass er sie dazu nutzen kann, seine Glaubwürdigkeit unter Beweis zu stellen. »Glauben Sie nicht? Schauen Sie selbst …!«

Das Storytelling beeinflusst die Erwartungshaltung der Zuschauer, sorgt aber auch dafür, dass diese ihre Aufmerksamkeit auf den vom Künstler gewünschten Bereich lenken.

## 5.4.6 Aufmerksamkeit lenken

Das wichtigste Hilfsmittel des Magiers aber ist das Wissen um die menschliche Psyche. Er kennt die Prinzipien der Dramaturgie so gut, dass ein guter Zauberkünstler tatsächlich manchen Trick nackt vorführen könnte.

Die Bedeutung dieser Prinzipien der menschlichen Wahrnehmung und der Bewertung des Gesehenen kann nicht überschätzt werden. Auch aus diesem Grunde haben wir in diesem Kapitel die Forschungsergebnisse von Christan Mikunda umfänglich beleuchtet.

Gute Zauberkünstler sind – in ihrem Bereich – die vielleicht besten Psychologen der Welt. Sie wissen nicht nur, wie das Publikum reagiert, sondern auch, wie sie es dazu bringen können.

## Misdirection

Misdirection ist die Kunst, die Aufmerksamkeit gezielt zu lenken. Der Hintergrund: Menschen können sich nicht auf zwei Dinge gleichzeitig konzentrieren und werden ihre Aufmerksamkeit automatisch auf jeden gewünschten Punkt lenken, den man ihnen nahelegt oder an dem plötzlich sichtbar irgendetwas passiert.

Ist die Aufmerksamkeit aber erst einmal auf einen Punkt gelenkt, dann kann an anderer Stelle ganz anderes passieren – Hauptsache, es weckt nicht selbst die Aufmerksamkeit und wirkt ganz natürlich.

## Interaktion mit dem Zuschauer

Ähnliche psychologische Prinzipien wirken dann, wenn der Magier mit dem Zuschauer interagiert: Es wird die Aufmerksamkeit auf die Vorgänge gelenkt, die scheinbar von entscheidender Bedeutung sind. Der Zuschauer mischt das Kartenspiel nach bestem Gewissen, versucht, dem Magier ein Schnippchen zu schlagen – und es wird ihm sogar ein wenig suggeriert, dass es klappen könnte – ohne überhaupt auf die Idee zu kommen, dass sein Mischen an dem Fortgang des Tricks gar nichts ändert.

Diese Interaktion ist aber notwendig, um den Zuschauer mit einzubeziehen und seine Bindung an das Erlebte zu stärken. Eine Zaubershow ohne Interaktion mit den Zuschauern? Unmöglich.

## Scheinbare Wahlfreiheit

Ein ganz besonderes Hilfsmittel des Magiers benötigt keinerlei präparierte Gegenstände, sondern einfach nur Unverschämtheit: Er gibt dem Zuschauer die Möglichkeit, aus mehreren Möglichkeiten zu wählen – völlig unbeeinflusst. Trotzdem wird das gewählte Objekt immer das sein, das der Zauberer zuvor ausgewählt hatte. Das Prinzip beim Forcieren ist dabei so primitiv, dass man kaum glaubt, dass es funktionieren könnte: Der Zauberkünstler stellt die Auswahlfrage einfach so unpräzise, dass er selbst entscheiden kann, was er mit der Wahl des Zuschauers anstellt.

### Beispiel

Der Zauberer bittet einen zufällig ausgewählten Zuschauer, eine von zwei vor ihm liegenden Karten auszuwählen, will aber, dass im Weiteren mit Karte 1 fortgefahren wird: »Wählen Sie eine Karte!« – Zeigt der Zuschauer nun auf Karte 1, so nimmt der Magier diese Karte an sich und gratuliert zur guten Wahl. Zeigt der Zuschauer aber auf Karte 2, so schiebt der Zauberkünstler diese Karte in Richtung des Zuschauers mit den Worten »Gut, dies ist Ihr gewählte Karte, dann behalte ich diese« (und greift wiederum zu Karte 1). Richtig eingebunden in das Geschehen wird der Zuschauer niemals einen Verdacht schöpfen, da er ja nie informiert wurde, was mit seiner Wahl geschehen würde.

Dieses Forcieren kann auch ganz andere Formen annehmen, immer aber ist klar, dass das Ergebnis der scheinbar freien Wahl dem Wunsch des Zauberkünstlers entsprechen wird. Dieses Forcieren ist auch im Rahmen einer Inszenierung einsetzbar und gibt dort dem Gast das Gefühl, Einfluss auf das Geschehen zu haben. Es handelt sich um eine sehr mächtige Waffe, deren Einsatz aber nicht überzogen werden sollte.

## Geschwindigkeit und Wiederholung

Eine weitere Regel für Magier lautet, sich nicht zu wiederholen. Würde man einen Trick mehrfach aufführen, so bestände die Gefahr, dass die Misdirection nicht mehr funktioniert: Der Zuschauer kennt jetzt den Ablauf und kann seine Aufmerksamkeit auf andere Dinge lenken.

Aus diesem Grund wiederholen gute Zauberkünstler vor dem gleichen Publikum einen Trick nur scheinbar: Sie haben für bestimmte Effekte verschiedene handwerkliche Tricks, die zum scheinbar gleichen Endresultat führen. Von David Copperfield wird behauptet, dass manche seiner Bühnenillusionen auf bis zu zehn verschiedenen Wegen erzielt werden können und selbst die Mitarbeiter jeweils nur einen Teil des Funktionsprinzips kennen. So kann der scheinbar gleiche Trick wiederholt werden und der Zuschauer wird doch nicht hinter das Geheimnis kommen.

Dabei spielt dem Magier noch ein Faktor in die Hand: Er kann die Geschwindigkeit des Ablaufs der Show und eines einzelnen Tricks, ja sogar eines einzelnen Handgriffs steuern. Durch diese Möglichkeit kann er Situationen, in denen die Wirkung der Illusion in Gefahr ist, rasch überbrücken und sogar Missgeschicke so wirken lassen, als wären sie ein geplanter Teil der Show.

Dieser Geschwindigkeitsvorteil macht sich auch bei bestimmten Tricks bezahlt. Nicht umsonst heißt es: »Die Hand ist schneller als das Auge.«

## 5.4.7 Übung macht den Meister

Der letzte Punkt, den erfahrene Magier grundsätzlich beherzigen: Keine Vorstellung ohne Übung! Ein guter Zauberkünstler übt seine Tricks bis zur Perfektion, bevor er mit ihnen an die Öffentlichkeit geht. Und selbst danach wird der Trick immer weiter optimiert und perfektioniert, die Rahmenhandlung und das Storytelling ausgefeilt und weiter geübt.

Geübt wird vor dem Spiegel bzw. heute vielmehr vor laufender Kamera. Handbewegungen, Gesten und kleinste Details wie die Körperhaltung und der Stellungswinkel zum Publikum, aber auch der Beleuchtung werden immer wieder geprobt und verbessert. Ziel ist es, dass der Magier den Trick in der Aufzeichnung selbst nicht mehr auflösen kann, obwohl er weiß, was im Verborgenen passiert.

Fingerfertigkeit, Übung, Geschwindigkeit und Detailversessenheit sind daher wichtige Faktoren, die für die perfekte Inszenierung wichtig sind. Sie entfalten ihre Wirkung aber erst mit dem Wissen um psychologische Wirkprinzipien, dramaturgische Konzepte und gute Kenntnis der Zielgruppe.

Viele dieser Faktoren sind auch für Inszenierungen in Gastronomie und Hotellerie bedeutsam, wenn nicht gar unerlässlich.

# Teil 6: Den Nutzen maximieren

In diesem Kapitel geht es darum, wie Sie den Nutzen Ihrer Inszenierung maximieren können und erfolgreiches Event-Marketing betreiben. Viele Elemente der Inszenierung wirken über die eigentliche Veranstaltung hinaus und können als Zugpferd für den Erfolg genutzt werden, wenn die Bedeutung verstanden wird und die richtigen Schwerpunkte in Kommunikation und Marketing gesetzt werden. Hier erfahren Sie, wie Sie der Wirkung Ihrer Inszenierung mehr Nachhaltigkeit verleihen.

## 6.1 Erwartungen steuern

Der größte Feind einer technisch und handwerklich gelungenen Inszenierung steckt in einem fast marginalen Aspekt – nämlich der Frage, ob die Inszenierung die Erwartungen der Gäste getroffen hat. Ist das nicht der Fall, so ist jede Anstrengung umsonst.

Die Kernfrage

Natürlich ist die Erwartungshaltung – wie in Kapitel 2 gesehen – vor allem von den Interessen und Wertewelten der Zielgruppen abhängig. Daher könnte der Grund für eine nicht erfüllte Erwartung darin liegen, dass die falschen Zielgruppen erreicht wurden oder die Bedürfnisse der Zielgruppen falsch eingeschätzt wurden.

Vielfach aber liegt das Problem an einer anderen Stelle: der Information der Gäste darüber, was sie erwarten wird.

Diese Vorab-Infos können zu spärlich ausfallen, so dass der Besucher sich kein rechtes Bild dessen machen kann, was ihn erwartet. Das ist vergleichbar mit der Einladung zur Dinnerparty und der verzweifelten Frage: »Was ziehe ich nur an, damit ich nicht auffalle?«

Weiß der Gast, was ihn erwartet?

Wenn der potenzielle Gast zu wenig darüber weiß, in welchem Rahmen die Inszenierung erfolgt, welche Kosten auf ihn zukommen und wie viel Zeit er einplanen soll, dann kann er seinen Besuch weder sinnvoll planen noch entsprechend genießen.

Vielfach ist es aber auch so, dass Anbieter die mit viel Schweiß realisierte Inszenierung ins Rampenlicht stellen, um möglichst viel

Publizität zu erreichen. Dann wird gerne mit Superlativen gearbeitet – und schließlich ist die Enttäuschung des Gastes vorprogrammiert.

### Ihr Erfolgspotenzial

Daher gilt: »Nicht übertreiben!« Understatement mit anschließender Übererfüllung der geweckten Erwartung ist für die Weiterempfehlungsquote wesentlich besser als groß zu tönen und (zu) wenig zu bieten.

**Erwartungshaltung im Vorfeld steuern**

Es ist wichtig, die Erwartungshaltung der (potenziellen) Gäste bereits im Vorfeld zu steuern. Dazu sind klare Vorab-Informationen notwendig, aber auch ein durchdachtes Leit- und Informationssystem während der Inszenierung. Nur so kann jederzeit sichergestellt werden, dass überzogene Erwartungen gar nicht erst aufkommen.

### Aufgabe

Überprüfen Sie, wie Sie die Erwartungen der Gäste besser steuern können – sowohl im Vorfeld als auch vor Ort. Wo besteht die Gefahr, überzogene Erwartungen zu wecken?

## 6.2 Internes Marketing

**Mitarbeiter sind ganz wesentliche Akteure**

Nichts kann die Wirkung einer Inszenierung so schnell und nachhaltig zerstören wie Personal, das sich nicht analog zu den kommunizierten Werten verhält. Wir haben bereits im vorherigen Kapitel verschiedene »menschliche Aspekte« der Inszenierung angesprochen, darunter auch die Bedeutung der Schulung der Mitarbeiter. Insofern kann ich mich an dieser Stelle kurz fassen.

Es kommt darauf an, dass Sie die Inszenierung nicht nur extern, sondern auch intern vermarkten. Sorgen Sie dafür, dass Ihre Mitarbeiter nicht nur ihre Rolle verstehen, sondern auch die Bedeutung der Inszenierung für das Unternehmen und die Sicherheit der Arbeitsplätze erkennen.

**Aufgabe**

Erarbeiten Sie ein kurzes, prägnantes Merkblatt für Ihre Mitarbeiter, aus dem die Ziele und das erwartete Mitarbeiterverhalten deutlich werden, aber auch der Grund bzw. die Gründe für die Maßnahmen. Machen Sie klar, dass ein Mitarbeiterverhalten, das die Inszenierung beschädigt, nicht toleriert werden kann.

# 6.3 Pressearbeit und PR

Schon zu Beginn haben wir gesehen, dass eine gute Inszenierung und Dramaturgie einen hervorragenden Aufhänger für Pressearbeit und Marketing bietet. Es liegt in der Natur der Inszenierung, dass hier der Erlebnis-Charakter betont wird. Und damit haben Sie eine Geschichte, über die Journalisten schreiben können.

*Geschichte, die Journalisten interessiert*

Typische Pressemitteilungen sind voll von Selbstbeweihräucherung, haben in vielen Fällen nur wenig echten Nachrichtenwert und sind daher für die Presse eher uninteressant:

> *Rheinterrassen-Café nach Renovierung wiedereröffnet*
>
> *Das bekannte Rheinterrassen-Café hat seine Pforten nach einer mehrwöchigen Renovierungspause wiedereröffnet. Im Rahmen der 0,8 Mio. Euro teuren Renovierung wurde unter anderem die über hundertjährige Kuchenvitrine fachgerecht aufgearbeitet.*

Versuchen Sie als Journalist mal, einem solchen Text etwas abzugewinnen. Wenn Sie allerdings die Inszenierung aus Sicht des Gastes in den Mittelpunkt stellen, wird eine Story daraus:

> *Genuss mit Aussicht das ganze Jahr*
>
> *Pünktlich zum Frühlingsbeginn präsentiert sich das Rheinterrassen-Café in frischem Glanz. Die neu gestaltete, nun teilweise mit Glas überdachte und beheizbare Terrasse lädt bei jedem Wetter zum herrlichen Ausblick über den Rhein. Im Zentrum des behutsam renovierten Innenraums des Cafés steht ein kunsthandwerkliches Juwel:Die Jugendstil-Kuchenvitrine, fachgerecht restauriert, bietet auch nach hundert Jahren den perfekten Rahmen für die beliebten süßen Kreationen aus der Backstube.*

(Zum Thema erfolgreiche Presse- und Öffentlichkeitsarbeit in Gastronomie und Hotellerie empfehle ich Ihnen den Band »Wie kommen wir in die Zeitung?« von Barbara Brecht-Hadraschek aus der Reihe Branchenwissen UP TO DATE. Beachten Sie dazu bitte die Informationen auf den letzten Seiten dieses Buches.)

**Inszenierung = Alleinstellungsmerkmal**

Das gleiche Prinzip lässt sich auch auf die Nutzung der Inszenierung als Aufhänger für Werbung und PR übertragen. Da die Inszenierung ein Alleinstellungsmerkmal darstellt und auf die Bedürfnisse und Wertewelten Ihrer Zielgruppe zugeschnitten ist, lässt sich mit Motiven und Claims, die die Inszenierung aus Sicht des Gastes darstellen, sehr gut werben.

Ein hervorragendes Beispiel hierfür ist die Werbung der Freizeitparks, die nicht die Angebote (also die Fahrattraktionen usw.) in den Mittelpunkt der Werbung stellt, sondern Besucher, die euphorisiert und emotionalisiert abgebildet sind und die ihre Gefühle beschreiben, die sie in dieser inszenierten Welt erleben.

### Ihr Erfolgspotenzial

Je mehr Sie es verstehen, Ihre Inszenierung zum Gegenstand des Marketings zu machen und dabei nicht aus der Anbieter-Perspektive, sondern aus der Sicht der Gäste erzählen, umso stärker können Sie bereits hier die Erwartungshaltung und Vorfreude aufbauen. Dabei muss die Werbung sowohl Emotionen als auch Werte transportieren.

**Sogmarketing**

Gelingt Ihnen dies, so zahlt sich der Aufwand für die Inszenierung doppelt aus: Die Inszenierung begeistert nicht nur Gäste vor Ort, sondern ist auch die Grundlage für ein Sogmarketing: Neue Gäste, die Ihr Haus noch nicht kennen, interessieren sich für Sie aufgrund des so aufgebauten USP, der versprochenen Differenzierung und des versprochenen Erlebnis- und Event-Charakters.

## 6.4 Inszenierung optimieren und anpassen

Jede Inszenierung kann verbessert werden und muss von Zeit zu Zeit an neue Gegebenheiten angepasst und modernisiert werden. Lassen Sie uns einen Blick auf die wichtigsten Optimierungsbereiche werfen.

# 6.4.1 Interaktion und Kommunikation optimieren

Manche Inszenierung ist technisch und inhaltlich beeindruckend, erreicht aber den Gast nicht wirklich. Die größte Gefahr haben wir bereits zu Beginn des Kapitels angesprochen: Geweckte Erwartungshaltungen werden nicht eingelöst. Es gibt aber mehr im Bereich Interaktion und Kommunikation mit dem Gast, das dazu führen kann, dass eine Inszenierung nicht so wirkungsvoll ist wie erhofft.

Zwei Bereiche sind bei Inszenierungen immer wieder kritisch – ganz unabhängig davon, ob sie in Hotellerie und Gastronomie eingesetzt werden oder in anderen Branchen:

Zwei kritische Bereiche

- Die **Einbeziehung** des Gastes in das Geschehen: So lange er nur passiver Zuschauer und Konsument ist, springt der Funke oftmals nicht über – die Emotionalisierung des Gastes gelingt nicht wirklich. Daher ist es wichtig, dramaturgische Elemente einzubauen, die dem Gast eine Einflussnahme ermöglichen und ihn vom Konsumenten zum Akteur werden lassen. Das kann ganz einfach darin bestehen, dass er bei der Wiener Kaffeespezialität »Überstürzter Neumann« den heißen Espresso selbst über die in der Tasse angerichtete Schlagsahne gießt (oder dem Ober das Startsignal dafür gibt), dass er zunächst die vor seinen Augen geöffnete Weinflasche verkostet oder dass er die Wahl zwischen verschiedenen Kissen in seiner Hotelsuite hat. Natürlich kann die Interaktion auch weit darüber hinaus gehen und den Gast selbst zum Star der Inszenierung machen, wenn er beispielsweise am Karaoke-Abend zum Mikrofon greift.

- Die **Kommunikation** mit dem Gast: Ein wirklich angenehmes Café – nicht zu laut, die Atmosphäre stimmt, der Ausblick auf die vorbeiströmenden Menschenmassen und den Hafen ist perfekt in Szene gesetzt, Kaffee und Kuchen sind schmackhaft. Alles stimmt. Nur dieser blöde Kellner ignoriert mich jetzt schon seit zehn Minuten hartnäckig. Längst hätte ich noch etwas bestellt und sicher wäre ich auch morgen nochmal gekommen. Aber so? Die Inszenierung arbeitet für Sie – aber sie arbeitet nicht allein: Der Gast braucht für Fragen, Bestellungen, Informationen und mehr immer wieder den direkten Kontakt zum Mitarbeiter. Hapert es hier – beispielsweise, weil zu wenig Personal verfügbar ist, es sich nicht auskennt und auch einfach unaufmerksam ist –, dann nützt auch die perfekte Inszenierung nichts.

Wichtig ist, solche Missstände gezielt aufzuspüren. Gerade Mängel in Kommunikation und Interaktion mit dem Gast bleiben oft unbemerkt, weil der Gast längst das Interesse verloren hat und sich eben nicht mehr aktiv beschweren wird.

Sie können durch das Auslegen von kleinen Karten, auf denen der Gast seinen Besuch bewerten kann, eine Brücke bauen und hoffen, dass Sie so von Problemen erfahren. Aber in vielen Fällen wird der frustrierte Gast Ihrem Haus einfach den Rücken kehren, ohne sich noch einmal an Sie zu wenden.

Lassen Sie es daher gar nicht so weit kommen, sondern achten Sie gerade in diesem Bereich immer wieder auf Optimierungspotenziale.

## 6.4.2 Inszenierung und Dramaturgie überprüfen

Es gibt einige Aspekte, die den Erfolg Ihrer Inszenierung gefährden können – manche davon schleichen sich langsam und fast unbemerkt ein. Die größten **Gefahrenquellen**:

- Missverständliche Inszenierungen und schlechte Dramaturgie verwässern die Botschaft.
- Effekte nutzen sich ab, Routine zerstört den magischen Moment.
- Die Differenzierung wird im Zeitverlauf geringer (Barista).
- Trends werden von anderen abgelöst (China-Restaurant).
- Die Technik entwickelt sich weiter.
- Erwartungshaltung steigt (Konkurrenzdruck).
- Wertewelten ändern sich (Öko/Bio, Klimawandel).

Einige Beispiele, die zu denken geben:

- Manches Restaurant musste nach erfolgter Renovierung und exquisiter Gestaltung der Räumlichkeiten schon feststellen, dass die erwarteten Gäste jetzt nicht wie erwartet dem neuen Hochglanz-Angebot in Scharen zuströmten, sondern im Gegenteil immer häufiger ausblieben. Trotz edler und durchgängig stimmiger Inszenierung weckte der Ort nach der Renovierung leider nicht das Gefühl von Behaglichkeit, sondern vielmehr von teurem Prunk. Die Gäste schlossen vom edlen Ambiente auf überteuerte Speisen – und suchten sich bequemere Hideaways: stimmige Inszenierung, aber missverständlich und an der Zielgruppe vorbei.

- Wer ins Theater zu einer Premiere geht, der erwartet etwas ganz Besonderes – selbst kleine Fehler verzeiht man da gerne. Wer allerdings in die 354. Aufführung geht, der fürchtet schon ein wenig, dass die Begeisterung der Akteure nachgelassen hat. Hamlet leiert seinen Text herunter und man wird das Gefühl nicht los, er drücke manchmal ein wenig aufs Tempo, damit er endlich nach Hause kann. Ganz ähnlich wirkt manchmal ein Besuch in einem Restaurant, bei dem das Erlebnis im Vordergrund stehen sollte. Da wirkt das Personal genervt, die Deko ist nicht mehr so gut in Schuss, alles ist ein wenig aus den Fugen: Routine hat sich breitgemacht, die Begeisterung für die Inszenierung mag nicht mehr aufkommen.

- Wie viele Baristas und Coffeeshops verträgt die Welt? Als Starbucks populär wurde, war die Inszenierung stimmig, man glaubte an die Alleinstellung. Mittlerweile gibt es an jeder Straßenecke Starbucks-Klone. Alle behaupten, nur ihr Barista sei ein echter Experte in der Espresso- und Cappuccino-Zubereitung. Die Alleinstellung ist dahin.

- Wann waren Sie zum letzten Mal beim Chinesen? Wenn Sie feststellen, dass Sie schon länger nicht mehr in einem solchen Restaurant waren, dann befinden Sie sich in guter Gesellschaft. Das klassische China-Restaurant – Schweinefleisch süß-sauer, Acht Schätze, Bratnudeln – stand in den 70ern und 80ern für Exotik, in den letzten Jahren aber wurde es mehr und mehr von modernen Asia-Restaurants abgelöst – Trends dauern nicht ewig.

- Ihre Beleuchtung setzt noch ausschließlich auf konventionelle Glühbirnen? Dann werden Sie schon bald umdenken müssen: Energiesparende und flexibel einsetzbare Lichtinstallationen kommen immer häufiger zum Einsatz – und sparen nicht nur Energie, sondern eröffnen auch ganz neue Möglichkeiten, mit Licht Stimmungen zu schaffen und Emotionen zu wecken. Und das gilt zunehmend nicht nur für öffentliche Räume, sondern auch die Hotelzimmer erhalten mehr Behaglichkeit durch indirekte Beleuchtung, LED-Leuchtkörper sowie stufenlos in Helligkeit und ggf. Farbspektrum durch den Gast regulierbare Lichtinstallationen. Ein typisches Beispiel für den Einfluss technologischer Entwicklungen, der sich z.B. auch darin zeigt, dass klassische Röhrenfernseher im Hotelzimmer immer häufiger Flatscreen-LCDs weichen (was auch ein neues Raumgefühl zur Folge haben kann).

- Auch die Erwartungshaltung verändert sich im Laufe der Zeit – der gerade angesprochene Wechsel vom Röhren-TV zum LCD und damit von den sieben schlecht empfangbaren analogen TV-Programmen hin zu 123 digitalen Sat-TV-Kanälen verankert sich auch in den Köpfen der Zielgruppe. Anbieter, die der Erwartung nicht gerecht werden, beschädigen ihre Inszenierung und wirken altmodisch. Also mitmachen und anpassen – oder gezielt ausscheren und die Inszenierung dahingehend modifizieren, dass der Gast gar keinen Fernseher mehr erwartet – und dies noch als Wohltat empfindet.

- Veränderte Erwartungshaltungen können auch ein Ausdruck neuer Trends sein, die sich entwickeln und manifestieren. Auch hier gilt es, die Inszenierung regelmäßig daraufhin zu untersuchen, welche neuen Trends künftig zu berücksichtigen sind. Aktuell sind dies beispielsweise die Klimadebatte, der Trend zu ökologischen Produkten und -Angeboten sowie allgemein die Themen Nachhaltigkeit und gesunder Lebenswandel (Stichwort LOHAS: Lifestyle of Health and Sustainability).

Was können Sie tun, um diesen Gefahren aus dem Weg zu gehen? Nichts. Denn die Gefahren sind da und die Entwicklungen lassen sich nicht aufhalten oder leugnen. Sie können aber vorbeugen und sich auf die kommenden Veränderungen vorbereiten.

### Ihr Erfolgspotenzial

Dazu ist es zunächst wichtig, zu verstehen, dass die momentane Form der Inszenierung nur temporär ist und ein Mittel zum Zweck. So, wie eine Theaterinszenierung aus dem 19. Jahrhundert heute befremdlich auf uns wirken würde, so wirkt auch die heute erarbeitete Inszenierung Ihres Angebotes in einigen Jahren antiquiert auf die Gäste. Halten Sie also die Augen offen und beobachten Sie neue Trends genau, verschließen Sie aber auch nicht die Augen vor Abnutzungserscheinungen Ihrer Inszenierung – und suchen Sie jederzeit nach Möglichkeiten der Optimierung.

### Aufgabe

Gegen Sie regelmäßig die Themen aus dem Kapitel 4 durch, um zu überprüfen, ob Ihre Umsetzung noch adäquat für Ihr Konzept ist. Überprüfen Sie mindestens jedes halbe Jahr auch Ihr Konzept dahingehend, ob sich Wertewelten verändert haben und ob das Konzept noch »up to date« ist.

### 6.4.3 Den Blick für die »Kleinigkeiten« schärfen

Etwas, das ich immer wieder in eigentlich guten Inszenierungen beobachte, sind die kleinen Brüche und unpassenden Details. Es werden Flüchtigkeitsfehler zugelassen, es wird akzeptiert, dass Dinge die Wahrnehmung beschädigen, die mit einem Handgriff ausgeräumt werden könnten. Aber dadurch, dass nichts geschieht, verschlechtert sich die Situation immer weiter.

Für den Gast ist das angeschlagene Geschirr, die defekte Steckdose im Hotelzimmer oder die kaputte Birne im Fahrstuhl ein Ärgernis, das sofort ins Auge springt. Auch, wenn der Ort der Inszenierung verschmutzt und unaufgeräumt wirkt (»ja, wir hatten heute eine Menge Gäste«) oder der Ablauf nicht ganz »rund« ist, fällt das dem Gast sofort auf.

Offenbar aber häufig nicht dem Personal – oder es ist ihm egal. Darauf angesprochen gibt es häufig viele Entschuldigungen – und niemanden, der verantwortlich ist.

Nur: Der durchschnittliche Gast spricht gar nicht darüber. Er nimmt es wahr, dass die Inszenierung nicht so perfekt ist. Und lebt damit. Auf seine Art, denn ein wiederholter Besuch wird mit jedem dieser Details, die ins Auge fallen, unwahrscheinlicher. Der Gast hat für die optimale Performance bezahlt – mit seinem Geld, vor allem aber mit seiner Zeit. Bekommt er sie nicht, dann wird er sich beim nächsten Mal woanders hinwenden.

**Wenn der Glanz verblasst, bleiben die Gäste weg**

Deshalb ist es wichtig, nicht nur das große Ganze im Auge zu behalten, sondern vor allem die vielen Kleinigkeiten, für die man im Alltag schnell den Blick verliert.

## 6.5 Erinnerungen zementieren

Wie wir schon zu Beginn gesehen haben, darf die Inszenierung kein Selbstzweck sein, sondern dient der Erreichung wirtschaftlicher Ziele. Eines der wichtigsten langfristigen Ziele ist dabei, Gäste an Ihr Haus und Ihr Angebot zu binden. Oder wenn Sie so wollen: **Stammkundengewinnung**.

Das zweite wichtige Langfristziel besteht darin, die begeisterten Gäste zu Fürsprechern zu machen – sie sollen Ihre Botschaft verkünden, für Ihr Angebot werben – und zwar ganz frei von Zwang, freiwillig und mit Begeisterung: **Mund-zu-Mund-Propaganda.**

Damit das klappt, müssen Sie die Weichen dafür stellen, dass die Gäste das Erlebnis so schnell nicht vergessen. Dazu sind folgende Schritte wichtig:

- Nachhaken, in Kontakt bleiben und den **Dialog** suchen: Aus den Augen, aus dem Sinn – so ist es vielfach. Nur selten habe ich erlebt, dass Hotels sich auch nach meinem Aufenthalt noch für mich interessiert haben. Warum eigentlich? Wer sich die Mühe macht, sein Angebot und den Gast optimal in Szene zu setzen, der kann auch nachfragen, wie es gefallen hat – es sei denn, er fürchtet sich vor der Antwort oder sie interessiert ihn nicht.

- Mitbringsel, **Erinnerungsstücke** offerieren: Manchmal ist die kleine Zugabe der perfekte Aufhänger, damit der Anbieter länger im Gedächtnis des Gastes bleibt. Da fällt mir das Hotel ein, das ich im strömenden Regen verlassen musste: Mir wurde ein Schirm angeboten: »Den können Sie gerne behalten. Geschenk des Hauses!« – Der Schirm steht hier noch immer im Schirmständer, den Namen des Hotels gut lesbar aufgedruckt.

- **Merchandising:** Sie haben nichts zu verschenken? Manchmal sind die Gäste sogar bereit, dafür zu zahlen, dass sie eine Erinnerung mit nach Hause nehmen dürfen. Geeignete Artikel, die zu Ihrer Inszenierung passen, finden sich zuhauf, von der bedruckten Kaffeetasse über den flauschigen Morgenmantel bis hin zu Kuscheltieren, Kochbüchern und Gewürzmischungen, Erinnerungsfotos sowie Postkarten. Und all das eignet sich nicht nur zum Selberbehalten, sondern auch zum Verschenken.

- Weiterempfehlungen und wiederholte Besuche **honorieren**: »War alles zu Ihrer Zufriedenheit? Dann besuchen Sie uns doch bald wieder: Wenn Sie über unsere Telefonzentrale oder per E-Mail buchen und darauf hinweisen, dass Sie bereits einmal Gast in unserem Haus waren, gewähren wir Ihnen 10 Prozent Rabatt auf den Zimmerpreis.« »Wenn Sie uns an Freunde oder Bekannte weiterempfehlen, erhalten diese einen kostenlosen Obstkorb zur Begrüßung.« – Warum höre ich so etwas eigentlich so selten? Neukundengewinnung ist um ein Vielfaches teurer als die Bindung von Stammkunden, und sich weiterempfehlen zu lassen ist wesentlich effektiver als jede Werbekampagne. Natürlich nur, wenn man zufriedene Gäste hat und auf diese Zufriedenheit bauen will. Wollen Sie?

Sorgen Sie dafür, dass Sie in Erinnerung bleiben. Bieten Sie an, den Gast in einen Newsletterverteiler aufzunehmen. Suchen Sie sein Feedback. Überraschen Sie ihn zum Geburtstag. (Mein Kfz-Händler schickt mir zweimal im Jahr eine Karte: zu meinem Geburtstag und kurz vor dem fälligen TÜV-Inspektionstermin. Gestört hat mich das noch nie – und sonstige Werbung hat er immer brav unterlassen.)

Wenn es Ihnen gelingt, eine langfristige Kommunikationsebene aufzubauen, können Sie den Gast auch auf Neuerungen, auf Specials und Sonderangebote aufmerksam machen. Wichtig ist allerdings, dass Sie nach seiner Erlaubnis fragen.

### Aufgabe

Suchen Sie nach Möglichkeiten, die Emotionalisierung des Gastes durch die Inszenierung auch später noch für sich arbeiten zu lassen!

Damit haben Sie die Grundlagen für eine erfolgreiche Inszenierung kennen gelernt. Ich wünsche Ihnen viel Erfolg dabei, sich, Ihre Angebote und vor allem Ihre Gäste immer wieder aufs Neue gekonnt in Szene zu setzen und immer wieder überraschende, angenehme und bewegende Momente zu schaffen!

# Weiterführende Literatur

Baumbach, Ina: Was erwartet der Gast von morgen? Trends in Tourismus und Freizeitgestaltung und wie man sie rechtzeitig erkennt. Redline Wirtschaft 2007

Brecht-Hadraschek, Barbara: Wie kommen wir in die Zeitung? Erfolgreiche Pressearbeit für Hotel und Gastronomie. Redline Wirtschaft 2007

Mikunda, Christian: Der verbotene Ort oder Die inszenierte Verführung. Unwiderstehliches Marketing durch strategische Dramaturgie. Redline Wirtschaft 2005

Mikunda, Christian: Marketing spüren. Willkommen am Dritten Ort. 2. Auflage, Redline Wirtschaft 2007

Philippi, Reinhard: 30 Minuten für Veranstaltungsdramaturgie. Gabal 2003

Philippi, Reinhard: 30 Minuten für die persönliche Inszenierung. Gabal 2005

Schäfer-Mehdi, Stephan: Event-Marketing. 2. Auflage, Cornelsen 2006

Stolpmann, Markus: Tourismus-Marketing mit Profil. mi 2007

Stolpmann, Markus: Wie positionieren wir uns wirkungsvoll? Mit Fokussierung und Profil zu mehr Erfolg in Hotellerie und Gastronomie. Redline Wirtschaft 2007

Stolpmann, Markus: Wie sichern wir unseren Erfolg? Instrumente, Methoden und Maßnahmen zur Qualitätssicherung in Hotellerie und Gastronomie. Redline Wirtschaft 2007

Stolpmann, Markus: Wie werden wir für unsere Gäste interessanter? Durch Innovation zu Differenzierung in Hotellerie und Gastronomie. Redline Wirtschaft 2008

# Stichwortverzeichnis

# Branchenwissen up to date

- Konzentration auf das Wesentliche
- Lesefreundlich und übersichtlich
- Praktische Arbeitshilfen für den Alltag

144 bis 168 Seiten
Klappenbroschur

€ 24,20 (D) | € 24,90 (A) | sFr 46,20 (UVP)

Sich aus der Fülle des Angebots hervorzuheben wird für den wirtschaftlichen Erfolg in Gastronomie und Hotellerie immer wichtiger. Wie man sich auf Kernkompetenzen konzentriert, attraktive Nischen besetzt und so Gäste begeistert und Stammkunden gewinnt, zeigt dieser Strategiecoach in Buchform.

Markus Stolpmann
**Wie positionieren wir uns wirkungsvoll?**
Mit Fokussierung und Profil zu mehr Erfolg
in Hotellerie und Gastronomie
ISBN 978-3-636-01486-3

Gastronomie, Hotellerie und Tourismus schaffen Erlebniswelten jenseits des Alltags. Um die Aufmerksamkeit der Gäste zu erlangen, wird es immer wichtiger, die eigene »Story« gekonnt zu erzählen und das Leistungsangebot gezielt vor den Vorhang zu holen. Markus Stolpmann erklärt, wie Sie Dienstleistungen und Produkte, aber auch Ihre Gäste ins rechte Licht rücken und so Ihren Unternehmenserfolg sichern.

Markus Stolpmann
**Wie setzen wir uns wirkungsvoll in Szene?**
Durch die richtige Inszenierung zu Aufmerksamkeit und
Profilierung in Hotellerie, Gastronomie und Tourismus
ISBN 978-3-636-01585-3

REDLINE WIRTSCHAFT

Zwar mögen die Gäste Ihrem Angebot heute noch einen Reiz abgewinnen, doch schon morgen können andere vorbeiziehen und mit neuen Ideen und Lösungen punkten. Es gilt also, für Gäste interessant zu bleiben und interessanter zu werden. Dieses Buch zeigt, wie man den Fokus auf die Bedürfnisse der Gäste legt und durch die Verbindung von Kreativität, Innovationsbereitschaft und wirtschaftlichem Denken erfolgreich am Markt agiert.

Markus Stolpmann
**Wie werden wir für unsere Gäste interessanter?**
Durch Innovation zu Differenzierung in Hotellerie und Gastronomie
ISBN 978-3-636-01484-9

Positive Erwähnungen in Presse & Co. sind oft effektiver als Werbung. Dieser PR-Berater in Buchform liefert Praxiswissen für Hoteliers und Gastronomen, die mit ihrem Angebot authentisch, glaubwürdig und budgetschonend in den Medien präsent sein möchten.

Barbara Brecht-Hadraschek
**Wie kommen wir in die Zeitung?**
Erfolgreiche Pressearbeit für Hotel und Gastronomie
ISBN 978-3-636-01492-4

Das Urlaubs- und Freizeitverhalten verändert sich, Ansprüche und Bedürfnisse der Gästegruppen wandeln sich. Der kompakte Trendberater zeigt touristischen Unternehmen, was Zielgruppen in Zukunft wollen und wie sie sich auf dem Laufenden halten, um den Anschluss nicht zu verpassen.

Ina Baumbach
**Was erwartet der Gast von morgen?**
Trends in Tourismus und Freizeitgestaltung und wie man sie rechtzeitig erkennt
ISBN 978-3-636-01541-9

Ob der Espresso zum Abschluss des Essens oder das Wellnesspaket zum gebuchten Hotelzimmer: Zusatzverkäufe wirken nicht nur umsatzsteigernd, sondern können auch die Beziehung zum Gast stärken. Wie man aktiv, aber unaufdringlich und serviceorientiert den Umsatz pro Gast erhöht und damit den Unternehmenserfolg steigert, zeigt dieses kompakte Verkaufstraining.

Markus Stolpmann | Gerhard Schoolmann
**Wie verkaufe ich dem Gast mehr?**
Aktiv zu höherem Umsatz in Restaurant und Hotel
ISBN 978-3-636-01488-7

Immer mehr Gäste informieren sich vorab per Internet über Angebote und Leistungen, E-Mail ist ein wichtiges Instrument des Dialogs geworden. Doch viele Hotels und gastronomische Betriebe schöpfen das Potenzial von Newslettern und E-Mail-Marketing nicht aus. Dieses Buch führt zur individuellen Strategie, um mit E-Mail Stammgäste zu binden und neue Kundengruppen anzusprechen.

Markus Stolpmann | Karina Matejcek
**Wie nutze ich E-Mail und Newsletter zur Gästekommunikation?**
Kostengünstiges Beziehungsmarketing über elektronische Medien
ISBN 978-3-636-01487-0

Eine saubere Dokumentation von Einnahmen und Ausgaben ist die Voraussetzung für ein stressfreies Verhältnis zu Finanzamt und Bank und eine wichtige Planungshilfe sowie ein Instrument zur Erfolgskontrolle. Kalkulation, Buchhaltung, Abgaben: Ein branchenkundiger Steuerberater und eine Betriebswirtschaftlerin zeigen, worauf's ankommt, damit unterm Strich was übrig bleibt.

Thomas Mares | Daniela Pucher
**Wie behalte ich die Finanzen im Griff?**
Das betriebswirtschaftliche 1 x 1 für Gastronomen –
*speziell für Österreich*
ISBN 978-3-636-01490-0

REDLINE WIRTSCHAFT

Stehen der Aufwand für die eigene Webpräsenz und der Nutzen für das Unternehmen in einer sinnvollen Relation? Was erwarten Gäste von einer Website, wie wird diese im Internet gefunden und welche Services sollte man online anbieten? Dieser Web-Berater in Buchform zeigt, wie man bestehende Webauftritte optimiert oder eine neue Website konzipiert und effektiv zur Kundenkommunikation nutzt.

Markus Stolpmann | Gerhard Schoolmann
**Wie gestalten wir unsere Website?**
Die wirkungsvolle und kostengünstige Online-Präsenz für Hotel und Gastronomie
ISBN 978-3-636-01489-4

Serviceorientierte Umgangsformen sind ein Instrument der Kundenbindung, führen zu Weiterempfehlungen und tragen unmittelbar zum Geschäftserfolg bei. Vom ersten Kontakt bis zur Verabschiedung gibt es zahlreiche Situationen, in denen professionelle Gästekommunikation gefragt ist. Dieser »Knigge« liefert praktische Tipps für viele Gesprächssituationen und Anlässe.

Gabriele Cerwinka | Gabriele Schranz
**Wie kommuniziere ich souverän mit Gästen?**
Von Empfang bis Beschwerdemanagement in Hotel und Restaurant
ISBN 978-3-636-01491-7

Qualitätssicherung ist im Gastgewerbe unabdingbar, wird aber häufig nicht konsequent betrieben. Dieses Buch liefert ein umfangreiches Instrumentarium, um die Qualität von Leistungsbestandteilen zu analysieren, Schwachstellen aufzudecken und laufend Verbesserungen umzusetzen.

Markus Stolpmann
**Wie sichern wir unseren Erfolg?**
Instrumente, Methoden und Maßnahmen zur Qualitätssicherung in Hotellerie und Gastronomie
ISBN 978-3-636-01482-5

REDLINE WIRTSCHAFT